U0683453

互联网
关系网

——基于人际关系的
互联网媒体商业模式构建

孙丽丽 / 著

中国财经出版传媒集团

经济科学出版社

Economic Science Press

图书在版编目（CIP）数据

互联网　关系网：基于人际关系的互联网媒体
商业模式构建/孙丽丽著.—北京：经济科学
出版社，2018.9
ISBN 978 - 7 - 5141 - 9816 - 4

Ⅰ.①互… Ⅱ.①孙… Ⅲ.①互联网络 - 商业
模型 - 研究 Ⅳ.①F713.36

中国版本图书馆 CIP 数据核字（2018）第 233834 号

责任编辑：于海汛
责任校对：曹育伟
责任印制：李　鹏

互联网　关系网
——基于人际关系的互联网媒体商业模式构建
孙丽丽　著

经济科学出版社出版、发行　新华书店经销
社址：北京市海淀区阜成路甲 28 号　邮编：100142
总编部电话：010 - 88191217　发行部电话：010 - 88191522
网址：www. esp. com. cn
电子邮件：esp@ esp. com. cn
天猫网店：经济科学出版社旗舰店
网址：http: //jjkxcbs. tmall. com
北京季蜂印刷有限公司印装
710 × 1000　16 开　11.5 印张　150000 字
2018 年 9 月第 1 版　2018 年 9 月第 1 次印刷
ISBN 978 - 7 - 5141 - 9816 - 4　定价：42.00 元

（图书出现印装问题，本社负责调换。电话：010 - 88191510）
（版权所有　侵权必究　打击盗版　举报热线：010 - 88191661
QQ：2242791300　营销中心电话：010 - 88191537
电子邮箱：dbts@ esp. com. cn）

前　言

　　互联网技术改变了媒体中使用者的地位，其不再是跟从者，而是内容的生产者、传播的参与者和推动者，同时也用购买和关注决定了媒介组织的发展方向。因此，对于互联网媒体，最需要探讨的不是如何将制作好的内容传递给使用者，而是如何将使用者组织起来，进行生产和传播，实现既定的目的。

　　在对于使用者的分析中，大多数研究从个体的角度切入，而忽视了他们自发形成的群体，群体中的人际关系以及在这些关系结构中，使用者之间的相互作用。对关系的分类和研究，不仅可以收集到使用者不同层次的数据，还可以了解使用者之间是如何相互影响的。本研究以此为基础，构建互联网媒体的商业模式。

　　从结构上看，导语相对独立，界定了书中几个核心的定义，并对本书在使用过程中，对于传统定义的修正进行了说明。正文主要分两大部分六个章节：

　　前一部分包括三章，主要研究了互联网媒体中人际关系的类型。第一章，是对人际关系的文化传承和新时代特点做纵向宏观的分析，认为重视人际关系是中国文化的特色，但在新时代，人际关系的结构方式发生了改变，互联网技术契合了新时代人们对人际关系的内在需求，成为不同关系形成的沃土。第二章，通过大量的对互联网使用者的深度访谈，对网上人际关系的具体形态进行了描绘。第三章，在上述分析的基础上，抽象出互联网上人际关系的结构方式和类型。

　　后一部分也包括三章，根据互联网媒体中人际关系的类型构建商业模式。互联网媒体的商业模式是围绕一个中心，向外发散的网状结构，在本书中，将人际关系的不同类型作为这个网状结构的核心，由于各种关系中的信息呈现和交往方式的不同，商业组织能够收集到的关于使用者的信息类型和深度是不同的，这决定了组织可以采用什么样的方式引导和推动内容生产和信息传播。第四章，根据人际关系的结构方式和类型对商业模式进行构建。第五章，考察了在这种商业模式的构建中，除人际关系外，其他影响因素对上述模式的修正。第六章，从承接的角度，探讨未来互联网商业模式构建可能的路径选择。

　　互联网本质上是开放的也是多元的，因此基于人际关系的互联网商业模式构建只能是提供一种可能的选择和思考的方式，而不会像传统媒体一样，提出普适的二元盈利模式。本书的第一重价值是从中国文化传统和社会现状出发，提出基于人际关系建立互联网商业模式的可行性及方式；第二重价值是对互联网上各种群体中关系的分析和抽象，这既可以作为商业模式构建的依据，也可以成为内容生产和传播，以及互联网营销的依据。

目　录

导　言

一、背景与意义

（一）为什么要研究互联网

作为媒体的互联网，因其本身的技术特性，拥有最为丰富的表现形式，多媒体力量压倒了所有其他的媒体形式。试想"还有什么介质可以让我们同时观看文本、图片、动画和视频，可以让我们同时听音乐和广播、观看电视和电影，可以拨听电话、参加音频会议、通过电子邮件（E-mail）交谈，甚至在三维世界中漫游驰骋呢？所有以上这些体验的实现，只要通过一个个的超文本链接跳转，信息比特就能从世界的一端传达到另一端"[①]。此外，互联网还是最为主动性的媒体，为主动选择和参与提供了可能。

互联网带给我们的冲击远不止于此，它是媒体融合的平台，深刻地改变着传媒业，还打破了若干行业的界限，影响力遍及政治、经济、文化等领域，实现了商贸、支付、媒体等跨行业的融合，正如尼葛洛庞帝的预言，互联网的人口统计会翻译出"世界的人口统计"，并遵循凯里和麦克卢汉的路线，创造出"一个全新的地球村社会"。[②]

---

① 阿尔伯特·格雷柯编著，饶文靖等译：《媒体与娱乐产业》，清华大学出版社 2006 年版，第 244 页。

② Nicholas Negroponte, *Being Digital*, New York, Vintage Books, 1995: pp. 158 - 159.

虽然互联网在中国的普及率还及不上一些发达国家，但结合当今中国发展的现状以及媒介环境，它显示出了更加蓬勃的生命力。这是因为：

1. 互联网媒体满足主动性的信息需求

在美国，高峰期的婴儿被称为"电视一代"，现在的年轻人则被贴上"网络一代"的标签。调查显示，电视一代和网络一代之间的主要区别是：前者排斥靠自己去收集新闻和有关信息，而后者则相反。

这样的差别引起了一些研究者的兴趣，他们提出了主动媒体和被动媒体的概念，前者指媒介使用者可以积极参与的媒体，以互联网为代表，后者则主要指广播、电视等，媒介使用者不需要花太多的精力来参与和选择，只需要接受的媒体。①

每一代人都会因为他所处时代媒体发展的状况，形成信息选择上的偏好，即使处于同样的技术条件下，在平稳发展的社会，使用者会更加偏好被动媒体，而在急速发展的社会，使用者会更加偏好主动媒体。

在西方发达国家，由于报纸、广播、电视发展得比较成熟，受众的渗透率和满意度都比较高，再加上社会长期以来处于稳定而高水平的发展状态，传统媒体影响巨大。随着互动电视的发展，电视观众已经能够订制天气预报、选取体育比赛的镜头角度、订购按次计费的电影、收发电子邮件。虽然从主动性和选择性上来看，互动电视依然无法和互联网相比，但默多克等西方媒体拥有者，恰恰认为这是互动电视的优势，他认为，向观众提供全面的互联网接入服务，给人带来的更多是烦恼和压力。在全世界范围内，目前已经作为新闻和娱乐设备存在的电视最终会成为消费者购买各种商品和服务的主要媒介，比电脑更受

---

① Guy Starkey：Active and Passive Media in the Age of Media Convergence and Interactivity，2010 年 7 月 3 日，在中国传媒大学所作的主题演讲。

消费者欢迎。① 他的媒体布局也正体现了这种判断。

在中国则不同，传统媒体发展不够成熟，无法满足人们的信息需求，互联网的出现，提供了海量的、多样的、可选择的信息，迅速征服了年轻的媒介使用者。尤其是如今的社会竞争激烈，处在急剧变革中，人们希望通过自己的方式去选择有用的或感兴趣的信息，进行信息和背景的组合，并发表评论进行交流，用以考察社会环境，满足自身需要。网上交流活跃是中国互联网的一大特点，据统计，截至 2018 年 6 月，我国网民规模为 8.02 亿，上半年新增网民 2968 万人，较 2017 年末增加 3.8%，互联网普及率达 57.7%。手机网民规模达 7.88 亿，上半年新增手机网民 3509 万人，较 2017 年末增加 4.7%，网民中使用手机上网人群的占比达 98.3%。即时通信用户规模达到 7.56 亿，较 2017 年末增长 3561 万，占网民总体的 94.3%。手机即时通信用户 7.50 亿，较 2017 年末增长 5641 万，占手机网民的 95.2%。网络购物用户规模达到 5.69 亿，相较 2017 年末增长 6.7%，占网民总体比例达到 71.0%。手机网络购物用户规模达到 5.57 亿，相较 2017 年末增长 10.2%，使用比例达到 70.7%。网络支付用户规模达到 5.69 亿，较 2017 年末增长 7.1%，使用比例由 68.8% 提升至 71.0%。其中，手机支付用户规模为 5.66 亿，半年增长 7.4%。网络直播用户规模达到 4.25 亿，较 2017 年末微增 294 万，用户使用率为 53.0%，较 2017 年末下降 1.7 个百分点。②

2010 年 7 月起，针对互联网使用情况，本研究对 100 名受访者进行了深度访谈，大多数访谈对象表示，互联网是他们获得信息的主要来源；可以自由地选择信息，并与他人保持某种联系是

---

① 温迪·古德曼·罗姆著，李慧斌译：《默多克的新世纪》，中信出版社 2005 年版，第 18 页。
② 中国互联网络信息中心：第 42 次《中国互联网络发展状况统计报告》，2018 年 8 月，http：//www.cac.gov.cn/2018－08/20/c_1123296882.htm。

使用互联网媒体的主要原因。但从具体的使用方式来看，受访者因为年龄、职业、所处地区，以及受教育水平的不同，呈现出比较大的差异。

2. 中国互联网一代具有明显的群体特征

广播、电视在中国的出现虽然比较早，但真正产生影响是在改革开放以后，而 20 世纪 90 年代中期，互联网就已在中国进入民用，所以中国媒体使用者不同于西方，没有明显的"电视一代"，却有着特征鲜明的"互联网一代"。

区分群体类别的标准有很多，职业、性别、区域、收入、时代、年龄等，对于互联网一代来说，他们与其他的媒介消费群体最为重要的差异体现在时代和年龄两个方面。

根据《中国互联网络发展状况统计报告》，从网民年龄结构来看，我国网民以青少年、青年和中年群体为主。截至 2018 年 6 月，10～39 岁群体占总体网民的 70.8%。其中 20～29 岁年龄段的网民占比最高，达 27.9%；10～19 岁、30～39 岁群体占比分别为 18.2%、24.7%，与 2017 年末基本保持一致。30～49 岁中年网民群体占比由 2017 年的 36.7% 扩大至 39.9%，互联网在中年人群中的渗透加强①。结合不同年龄段网民的互联网使用频率、消费力和影响力，本书把研究对象集中在 20～39 岁的年龄段（以 2018 年 6 月做参照）。

从时代特征来看，现在处于 20～39 岁年龄段的互联网消费的主力军，以 80 后和 90 后为核心，这部分人群是伴随着改革开放出生和成长的一代，成长期正是中国社会的快速发展期，再加上独生子女政策的影响，表现出与祖辈和父辈明显的不同，于是80 后、90 后屡屡成为被关注和讨论的对象，无论这种关注和评价是从实际出发，还是被他者误读，至少表明了时代的差异已经

---

① 中国互联网络信息中心：第 42 次《中国互联网络发展状况统计报告》，2018 年 8 月，http://www.cac.gov.cn/2018－08/20/c_1123296882.htm。

大到引起广泛关注的程度。"时代的成员们凭借他们成长年代所分享的生活经验联接在一起。从而形成了不同时代价值观和态度的集体经验，即为每个时代设定基调、指引方向、提供不同族群的共同价值观。人类相似于身处时代的程度，远胜于相似他们的父母。"① 而在发达国家，由于现代化的进程历时较长，没有对不同年代的人造成割裂性的差异，于是这种由于时代不同而带来的巨大的心理差异成了中国社会一种比较独特的现象。互联网的出现和繁荣更是加深了代际之间的鸿沟，阻挡了原有文化向互联网一代的传播。

从群体的年龄特征来看，20～39 岁的年龄段，是广告商眼中的黄金消费人群，是媒介消费的中坚力量。这一群体追求个性与自我、喜欢尝试新鲜事物，对于品牌还没有形成忠诚度，同时有很强的消费能力。"在生命周期消费理论看来，消费随着人的不同生命周期而演进，即在不同的年龄点上，消费欲望、消费偏好、收入等影响了人们的消费选择。"②

当今的互联网一代具有时代族群和年龄族群高度重叠的特征，这在很大程度上形塑了互联网媒体的现状，也将影响其发展的未来走向。通过对互联网一代的群体分析不但可以了解当下互联网媒体消费者，也可以为未来提供借鉴。

3. 互联网媒体构筑了一种新型的人际关系

"互联"和"网"都表明了一种联系，而这也正是互联网技术的本质特征。东西方人最大的差异，大概就是西方人更看重自我，而东方人更看重关系。时代在变，中国人的行为和心理也相应地发生了改变，但人际关系在中国人生活中所占的重要地位始终未变。只是传统的人际关系是以宗族、职业、地域划分的垂直

---

① 华克·史密斯、安·克拉曼著，姜静绘译：《时代行销——消费者世纪大调查》，三联书店 2000 年版，第 25 页。

② 安格斯·迪顿著，胡景北等译：《理解消费》，上海财经大学出版社 2003 年版，第 6 页。

被动的关系，在人口流动性不强的时代，这种关系结构更是固化的，很难突破。而在互联网时代，人们以社交网站、论坛、群甚至是某一种游戏为纽带，建立了一种新型的社会关系，这种关系以共同的偏好、兴趣、情感为基础，是一种主动的选择。在"互联网一代"的关系结构中，以血缘、地缘、业缘为核心的垂直被动的关系正在被以兴趣、爱好、情感等为核心的水平主动的关系所取代。

互联网媒体不是传统意义上的媒体，它更多的是一个平台，可以购物、交友、和具有共同爱好或相似背景的人建立起关系，打破原有的关系结构。对于当今没有温饱之忧、甚至没有艰苦生活的经历和记忆的一代中国人来说，精神上的慰藉与认同有时会超越现实利益，成为建立关系的重要原因。像许多新事物一样，网络关系在出现之初，人们更多地看到它的负面影响，如认为它的虚拟性为欺骗提供了土壤，更有"互联网上没有人知道你是一只狗"的说法。但这些解读更多的是来自于他者，在对互联网一代的访谈中，很多人表示：互联网培养了他们辨别真实和虚拟的能力，且随着论坛和社交网站逐渐实名制，网络世界与现实世界的联系日趋紧密，并互为补充。

对于互联网媒体的经营者来说，这种以偏好、兴趣、情感为基础的新型关系，成为精确营销的基础，围绕着各种新型网络关系，进行内容设置、广告投放或是数据库建设，可以获得比传统媒体时代更大的收益。

同时，基于互联网媒体形成的新型人际关系，也可以成为了解当代中国社会的一个重要窗口。要了解传统的中国人，应该深入到农村，而要了解当代中国人，则需要上网。通常人们认为上网关注的应该是内容，而忽略了内容背后的关系因素，而后者恰恰是了解网络社会的重要方面。互联网在中国二十几年的发展，形塑了一代中国人的媒介使用习惯、交往的习惯，甚至性格，研究互联网上的人际关系对于了解当代中国媒介和当代中国人都具有重要的意义。

4. 互联网的影响远远超出了媒体领域

中国互联网媒体的发展几乎与西方同步，并且不同于传统媒体，它在建立之初就是高度市场化的，因此对中国互联网的研究具有与世界对话的可能性。互联网媒体虽然最早出现在西方，并且现有的商业模式也大多是由西方创造，但在本土化的过程中，进行了很多适应性的改造，对中国互联网媒体的研究，可以为传统媒体的改革与发展提供借鉴。

但互联网的影响，绝不仅仅局限在媒体领域，广泛地涉及经济、政治等众多领域。正如《商业周刊》在1998年的信息技术年度报告中所说：毫无疑问，互联网正引导我们进入一个新纪元，席卷一切的互联网变革将触及所有的商业或产业领域。[①] 这个20世纪末来自美国的媒体预言，在二十年后的中国逐渐变为现实。中国的网民数急速增长，截至2018年6月，我国网民规模为8.02亿，互联网普及率达57.7%，手机网民规模达7.88亿[②]，这一庞大的数字，吸引了越来越多的研究者关注中国互联网媒体的发展。

在经济领域，互联网与实体经济不断融合，产业边界日益模糊，新型商务模式和服务经济加速兴起，衍生了新的业态。互联网本质上是一种信息载体，信息可以以零边际成本高速流动，消解和重组传统产业中的流通环节，推动产业价值链发生根本性变化。互联网对于改造和提升传统产业，推动产业结构调整和经济发展方式的转变具有重要意义。据统计，2017年，我国规模以上电子信息制造业收入接近14万亿元；软件和信息技术服务业收入突破5万亿元，行业整体收入规模接近20万亿元。纵向对

---

① Infotech Annual Report, *Business Week*, 22 June, 1998.
② 中国互联网络信息中心：第42次《中国互联网络发展状况统计报告》，2018年8月，http://www.cac.gov.cn/2018-08/20/c_1123296882.htm.

比显示，电子信息制造业收入规模由 2012 年的 8.5 万亿元攀升至 2017 年超过 14 万亿元，软件业收入由 2.5 万亿元提升至超过 5 万亿元，增幅分别超过 50% 和 100%。①

在政治领域，互联网的技术特征决定了其去中心化的传播方式，为公众的知情权和表达权的实现提供了广泛的支持，互联网"绝不仅仅是一种传播手段，它还是我们讨论、辩论、形成共识的手段"②。这些在一定程度上推动了当今中国政治改革的进程。对于互联网应当怎么理解，学者之间也有着很多分歧。正如 Google 首席执行官埃里克·施密特（Eric Schmidt）所说，互联网是第一个由人类创造而人类又无法理解的事物，是迄今为止最大规模的无政府状态的实验。从这个意义上讲，互联网影响深远、具有不确定性和面向未来的特性，值得持续、广泛地关注。

（二）研究互联网商业模式的意义

互联网媒体问世之初就具有明显的商业属性，盈利一直是其追求的目标，受这一目标驱动，并处在中国经济环境持续向好的大背景下，中国互联网经济的市场规模不断增长，在未来这种增长还会持续。经济指标成为考量中国互联网发展状况的重要因素。

互联网媒体还是资本倾慕的对象，其发展早已超出了学院派和技术崇拜者的关注，进入了风险投资领域。1991 年，美国监控互联网的国家科学基金会解除了网络进入商业领域的限制。之后，美国总风险投资资本中有超过 50% 的部分投入到信息技术中。③ 中国互联网企业的最初发展也都获得了风险投资的资助，

---

① 数据来自中国电子信息行业联合会和中国电子商会联合主办的"2018（第三届）中国电子信息行业发展大会"，赛迪网，2018 年 1 月 26 日，http://www.ccidnet.com/2018/0130/10357226.shtml。

② 保罗·莱文森著，何道宽译：《数字麦克卢汉——信息化新纪元指南》，社会科学文献出版社 2001 年版，第 104 页。

③ *The Emerging Digital Economy*, Appendix 2, U. S. Department of Commerce, Washington, D. C., 1998, P. A2 – A5.

这一方面说明了作为一个朝阳产业，互联网受到了广泛的青睐，另一方面，由于资本具有逐利的本性，决定了对于互联网媒体来说，盈利是其最重要的目标。所以商业模式的选择，一直备受互联网媒体人关注。

经过十几年的发展，互联网依然被称为新媒体，这不仅因为要与传统媒体相区别，还因为与其相关的新技术还在被不断地开发和应用，因此商业模式也在不断地变化、创新和丰富中，更因为互联网媒体带给传媒业和社会的巨大改变还在继续。这些既为研究互联网媒体的商业模式提出了挑战，也是其魅力所在。此外，研究互联网商业模式的意义还表现在：

1. 商业模式是决定互联网媒体成功与否的重要因素

互联网媒体在建立之初，就具有鲜明的商业属性，大多是由私人创立的，按照市场的方式运作，并且在经济上获得了巨大的回报。因此对大多数互联网媒体来说，适宜的商业模式的建立至关重要，尤其是近年来多家互联网媒体已发展为上市公司，商业模式更加重要。商业模式与盈利模式不同，是一个有着内在联系的结构，对互联网企业而言，任何放不进这个结构里边去的元素及将之去掉也不影响整个结构完整性的部分就成为多余。而且再好的商业模式也不能持续有效，深入了解其弱点和优势，有利于在未来作出调整。商业模式创造企业的核心优势、能力、关系和知识。不仅新建立的企业需要好的商业模式，运行中的企业也要对自身商业模式有清醒的认识。从某种意义上来说，商业模式显示出一个企业为什么可以作为一个区别于其他的个体而存在。

2. 商业模式可以反映互联网媒介消费者的选择行为

作为一种高度市场化的媒体，对互联网商业模式的分析能够在很大程度上反映消费者的行为，以及它背后所体现出来的心理。网络红人凤姐在回应关于她低俗的指责时说，"我是社会大众捧出来的，是一个个网民顶帖顶出来的"。这反映了网络媒体的一种重要特征，它像是一个民选社会，网民用帖子、点击来行使投票的权力，结果可以大致反映出真实世界的样貌。成功的互联网商业模式必然具有吸引力和粘合力，它是通过互联网消费者在网站上消耗的时间以及支付的费用支撑起来的。在没有了行政干预、没有了强制发行和渠道稀缺等因素的限制，互联网媒体商业模式的成功与否可以较为真实地反映出中国媒介的生态、媒介消费者的行为和心理等情况，这些对于了解媒介自身和媒介所处的社会具有重要的意义。而且通过对现有互联网媒体的研究，总结出的商业模式，是一种比较客观的呈现，使得研究的起点更为真实。

3. 研究互联网媒体的商业模式可以为传统媒体的市场化改革提供借鉴

20世纪90年代以来，随着以互联网为代表的数字化媒体的出现，给传统媒体带来了极大的冲击，也在一定程度上撼动了人们对于传媒经济属性的认识：传统上，在欧洲，传媒产品倾向于被看作是准公共产品，按照公共产品的属性进行规制；在美国，传媒产品大多属于私人产品，虽也有以国有或公共媒体存在的形式，但前者具有压倒性优势；而在我国，传媒的国有属性始终未被动摇。数字化新媒体的出现，打破了传媒介质之间的局限，渠道不再稀缺，媒介产品生产和消费的个性化特征表现得更为明显，在整个世界的范围内，商业化和放松管制成为一种趋势。在此基础上，媒介正经历着新一轮的集中与分化。互联网环境中的任何事物都能成为人们创造财富的工具，传统媒介经济中基于发行和广告的二元盈利模式被打破，新的竞争将建立在对数字化媒体产品的合理开发与营销的基础上，这为媒体经济的研究提供了新的广阔空间。

我国媒介改革的方向是产业化和市场化。经过三十多年的努力，媒介改革虽然取得了显著的成绩，但因为过于强调媒体的特殊性，在产权等核心领域难以取得实质性的突破。对互联网商业模式的探索，可以成为传统媒体改革和盈利模式创新的有益尝试。

二、相关概念界定

（一）互联网媒体

Internet 中文译名为国际互联网或互联网，有时也被称为网络，是广域网、局域网及单机按照一定的通讯协议组成的国际计算机网络，也是目前影响最大的一种全球性、开放性的信息资源网。

互联网是不是一种媒体？或者在多大程度和多大范围上是一种媒体？从现有文献来看，大多数新闻传播领域的研究者认为，在互联网的大范畴中只有一部分被认为是媒体，例如，雷跃捷等认为："互联网媒体是借助国际互联网这个信息传播平台，以电脑、电视以及移动电话等为终端，以文字、声音、图像等形式来传播新闻信息的一种数字化、多媒体的传播媒介。从严格意义上说，互联网媒体是指国际互联网被人们所利用的进行新闻信息传播的那部分传播工具性能。"① 彭兰认为："网络媒体是指具有一定资质的、利用网络这样一种媒介从事新闻与信息传播的机构。"②

而更多的人是模糊了这一概念，把互联网所涵盖的所有范围，都称作互联网，而不探讨它是不是媒体，以及多大程度上是媒体的问题。但本文认为这种身份的认同非常重要，它可以决定我们从传播学的视角来研究互联网可以涵盖的范围。针对上述问题可以从两方面进行分析：

从核心功能上来看，互联网的出现是一次技术革命，更是极

---

① 雷跃捷等：《互联网媒体的概念、传播特性现状及其发展前景》，载于《现代传播》2001 年第 1 期。
② 彭兰著：《中国网络媒体的第一个十年》，清华大学出版社 2005 年版，第 3 页。

大地影响和塑造了人们交流和沟通的方式。即使在互联网出现的早期，其主要用途还局限在军事领域，美国国防高级研究计划署指令与控制研究办公室（CCR）主任利克里德尔就已经强调，电脑和电脑网络的根本作用是为人们的交流服务，而不单纯是用来计算。后来，麻省理工学院电脑科学实验室的高级研究员大卫·克拉克（David Clark）也认为，把网络看成是电脑之间的连接是不对的。相反，网络把使用电脑的人连接起来了。互联网的最大成功不在于技术层面，而在于对人的影响。① 从这个角度来说，互联网天然就具有媒体的属性。

从媒体的定义来看，媒体也被称为传媒或者媒介，英文对应词汇为 media。它大约出现于 20 世纪 20 年代，其意是指使事物之间发生关系的介质或工具。在西方传播学论著中，对于这一概念存在多种理解，从符号、信号、讯息，到传播工具、机构、环境、行业，都有人以媒体相称。麦克卢汉提出的"媒介即讯息"，更是把这一概念无限扩展。在中文的含义中，根据《新闻学大辞典》，传播意义上的媒介，是指承载传递信息的物理形式。所谓传播媒介的物理形式包括物质实体和物理能。物质实体指文字、印刷品、通讯器材等；物理能指电波、光波、声波等。② 这也就是通常意义上所理解的，媒体（媒介）是信息的载体。

信息有广义和狭义之分，狭义的信息专指新闻信息，而广义的信息则包括了一切能够消除不确定性的东西，于是媒体也就有了广义和狭义之分。在互联网时代，新闻和娱乐资讯是信息，鞋子、服装、房屋等也可以化为信息，于是，媒体容纳的信息内容被大大地扩展了。正像夏皮罗和瓦里安（Shapiro and Varian，1998）所说的，凡利用位（bit）编码，任何东西都可经由数字化成为

---

① 郭良：《网络创世纪——从阿帕网到互联网》，中国人民大学出版社 1998 年版，第 162 页。

② 甘惜分主编：《新闻学大辞典》，河南人民出版社 1993 年版。

信息，如棒球计分、书、数据库、杂志、电影、音乐、股票、网页，都属于信息。因此，互联网媒体不仅包括传播新闻信息的部分，还包括传播商务信息、关系信息、情感信息、实体信息的部分，整个互联网的范畴都可以纳入媒体的范畴。互联网媒体就是以互联网作为承载和传递信息的载体形式。两者并不存在范畴上的差异，只是思考的角度不同，互联网媒体是从传播的角度考察，互联网则是从技术的角度考察。这种辨析最直接的用处是，可以用传播学的方法、理论工具分析互联网的使用者，并分析互联网上的各种现象。也可以丰富传播学的内涵，提供研究的新视角。

（二）人际关系（关系）

人际关系一般指个体与个体之间的各种关系，或个体与他人间的心理距离或行为倾向。[①] 这个概念在西方的社会学和社会心理学等相关领域研究中并不频繁使用，原因是这一术语只是圈定了研究范围，却没有明确的含义。西方学者更关注一些较为明确的概念，如社会交换、互动、人际冲突、人际认知等，但这些重要的理论，都绕不开人际关系这一大的范畴，毕竟"社会不管形式如何，究竟是什么呢？是人们交互作用的产物"[②]。

严格说来，关系是一个比人际关系涵盖范围更为广泛的概念，但在中国语境下，人际关系和关系两个词汇常常相互替换，而且由于关系这个词涵盖的范围大、语义模糊，有一点儿"只可意会，不可言传"的味道，更符合中国人对它的实际用法，因此，本文中多使用关系一词来代替人际关系，但表达的内涵是人际关系。

中国早期的著作中并没有严肃地定义"关系"这一名词，但从传统文化出发，学者们提出了很多与此相关的观点，如费孝

---

① 翟学伟：《中国人际关系的特质》，载于《社会学研究》1993 年第 4 期。
② 《马克思恩格斯选集》第 4 卷，人民出版社 1995 年版，第 320 页。

通从对家庭的分析出发，提出了他称之为"差序格局"的中国社会结构。"我们的社会结构本身和西洋的格局是不相同的，我们的格局不是一捆一捆扎清楚的柴，而是好像把一块石头丢在水面上所发生的一圈圈推出去的波纹，每个人都是他社会影响所推出去的圈子的中心。被圈子的波纹所推及的就发生联系。每个人在某一时间某一地点所动用的圈子是不一定相同的。我们社会中最重要的亲属关系就是这种丢石头形成同心圆波纹的性质。"①中国人就生活在这样亲疏分明的关系网络中。

梁漱溟在《中国文化要义》中提出"伦理本位者，关系本位也"②。认为在社会与个人的相互关系上，中国社会的重点既不是个人，也不是社会，而是关系。许烺光认为中国社会的特征是"情境中心"，强调个人对他人的依存以及这种依存性在中国社会环境中的重要性，"情境中心"是"以一种持久的、把近亲联结在家庭和宗族之中的纽带为特征。在这种基本的人类集团中，个人受制于寻求相互间的依赖"③。上述这些研究不仅是海内外学者研究中国文化的基础，更是强化了人际关系在中国文化中的重要作用。以至于"Guanxi"在西方媒体的报道中，常常取代"connection"或"relationship"，来表达相应的含义。

中国传统文化重视"亲缘"关系，并把它扩展到人际关系的各个层面，家庭是人际关系形成的基础。中国传统社会的形态建立在农业生产生活基础之上，经济上的自给自足、落后的生产工具和土地的不能移动导致了人们对人口、劳动力、和睦相助的重视。因而，作为社会基本结构的家庭，其构成和功能不同于西方。在西方，家庭和家族均为一义，并以核心家庭居多，但中国人的家族是一种扩大式的家庭形式，是一种几代同堂，由具有一

---

① 费孝通：《乡土中国》，人民出版社 2008 年版，第 28 页。
② 梁漱溟：《中国文化要义》，明路书店 1949 年版，第 101 页。
③ 许烺光：《宗族、种族、俱乐部》，华夏出版社 1990 年版，第 160 页。

定范围的血缘关系的成员组合。① 血缘关系是人与人之间最重要的关系，它不仅是每个人社会化的基础，中国人更是以此为出发点和参照来推出其他的关系。

家庭在西洋是一种界限分明的团体。如果有一位朋友写信给你说他将要"带了他的家庭"一起来看你，你很清楚要和他一同来的是哪几个人。在中国，这句话是含糊得很。……"家里的"可以指自己的太太一个人；"家门"可以指伯叔侄子一大批人；"自家人"可以包罗任何要拉入自己的圈子、表示亲热的人物。自家人的范围是因时因地可伸缩的，大到数不清，真是天下可成一家。②

随着社会的发展，人的活动半径逐渐增大，仅仅局限于家庭内部的关系，已经无法满足人们日常生活的需要，于是人际关系从家庭扩展到社会，在这一过程中，人情观自然而然地发生了扩展，不再仅仅局限于血缘关系内部，而是涉及亲戚的亲戚、朋友的朋友，这从社会心理的角度来看，是一种合适的扩展路径。"中国人的生活，既一向敬重于家庭亲族之间，到最近方始转趋于超大家庭的大集体，'因亲及亲，因友及友'，其路仍熟，所以遇事总喜托人情。"③ 这种空间上的扩展意味着人情不再局限于血亲内部，人与人之间因为血缘关系而建立起联系的必然性开始松动，偶然的因素增加，心理上的认同逐渐成为建立关系的重要基础。

关系在中国人的社会生活当中是如此的重要，以至于"从关系而不是其他途径参与社会，一定程度上就是中国人的生活本身"④。中国人对于关系的强调是有其目的性的，"人们寻求和维持人际关系是为了增进个人的效用，这是毫无疑问的"⑤。并且，

---

① 翟学伟：《中国人际关系的特质》，载于《社会学研究》1993 年第 4 期。
② 费孝通：《乡土中国》，人民出版社 2008 年版，第 28 页。
③ 《梁漱溟全集》第三卷，山东人民出版社 1990 年版，第 68 页。
④ 韩巍、席酉民：《关系：中国商业活动的基本模式探讨》，载于《西北大学学报》2001 年第 1 期。
⑤ 张军：《关系：一个初步的经济分析》，载于《世界经济文化》1995 年第 6 期。

在实际生活中，关系确实起到了重要作用，"可以被看作是一份没有付诸文字但却早已被人们所默认的非正式契约"①。

近代中国，在被迫的情况下开放国门，先是知识分子向西方寻求救国的良方，然后经过漫长的岁月，整个中国社会都经历市场经济、全球化和技术发展的震荡。骨子里中国人延续着传统看待人际关系的方法，但在实际生活中，又受到客观环境的影响，对其结构进行了打破和重建。今日的中国人依然看重人际关系的影响力，只是互联网一代构筑和处理人际关系的方式，与传统中国人存在着很大的差异，本书将通过大量深度访谈对这种变化进行分析。

分析当今社会新型人际关系的结构和特点对于社会学、经济学、传播学的研究都具有重要的意义，仅从互联网媒体商业模式这样一个小的角度来看，它也提供了全新的思路。这里要特别说明的是，本书所强调的关系基础，虽然包括了互联网企业与使用者的关系，但更多指的是使用者之间的关系，这种内生型的关系，才是互联网时代建立商业模式的基础。

（三）商业模式及其影响因素

商业模式概念的兴起是与互联网经济的蓬勃发展相伴而生的，在为人所津津乐道的商业传奇中，创业者常常仅凭富有吸引力的商业模式就能获得风险投资的青睐，成就一番事业。互联网造就了一批白手起家的新时代财富英雄，于是任何可能获利的方式都被贴上了商业模式的标签，随之而来的是互联网泡沫，在考验面前，只有那些真正拥有竞争优势、与互联网媒体的内在特征相契合的商业模式最后生存了下来。

从国内外对商业模式的若干定义来看，研究者大多从两种视角定义商业模式，一种认为商业模式等同于盈利模式，如迈

---

① 胡峰、李敏：《关系营销的经济学渊源及其在我国的适用性》，载于《管理百科》2001 年第 4 期。

克尔·拉帕（Michael Rappa，2004）认为："商业模式就其最基本的意义而言，是指做生意的方法，是一个公司赖以生存的模式，一种能够为企业带来收益的模式。商业模式规定了公司在价值链中的位置，并指导其如何赚钱。"① 另一种认为商业模式是一种结构，如罗素·托马斯（Russell Thomas，2001）认为，商业模式是开办一项有利可图的业务所涉及流程、客户、供应商、渠道、资源和能力的总体构造。② 阿兰·阿福亚赫和克里斯多夫·L. 图西（2000）在《互联网商业模式与战略：理论和案例》一书中认为，应当把商业模式看成是公司运作的秩序，公司依据它使用其资源、超越竞争者和向客户提供更大的价值，依据它获利。因此，应当把商业模式看成是公司为自己、供应商、合作伙伴及客户创造价值的决定性来源。埃森哲咨询的研究者（2002）认为，商业模式是指企业的运营机制以及对运营机制的扩展和利用。③ 本书认同后一种观点，将商业模式看作是一种结构。

在上述基础上，有研究者提出，商业模式至少要满足两个必要条件：第一，必须是一个由各种要素组成的整体，必须是一个结构，而不仅仅是一个单一的因素；第二，组成部分之间必须有内在联系，这个内在联系把各组成部分有机地串联起来，使它们相互支持，共同作用，形成一个良性的循环。④

格雷·哈默（Gray Hamel）提出了商业模式构成的四个维度，⑤即客户界面、核心战略、战略性资源和价值网络。在四大要素间，由于彼此相互配合的不同，可以产生出三种不同的连接：连

---

① Michael Rappa: *Business Models on the Web: Managing the Digital Enterprise*, http://digitalenterprise.org.

② Russell Thomas: Business Value Analysis: Coping with Unruly Uncertainty, *Strategy & Leadership*, 2001（2）：16 - 24.

③ 王波、彭亚利：《何谓商业模式?》，载于《经济观察报》2002 年 7 月 1 日。

④ 罗珉等：《企业商业模式创新：基于租金理论的解释》，载于《中国工业经济》2005 年第 7 期。

⑤ Gary Hamel: *Leading the Revolution: How to Thrive in Turbulent Times by Making Innovation a Way of Life*, Boston, Massachusetts: Harvard Business School Press, 2000.

接核心战略与战略性资源的基础配置；连接核心战略与客户界面的客户利益；连接公司的战略性资源与价值网络之间的组织边界，这些连接重点是公司如何赚得应有的利润（见图0-1）。

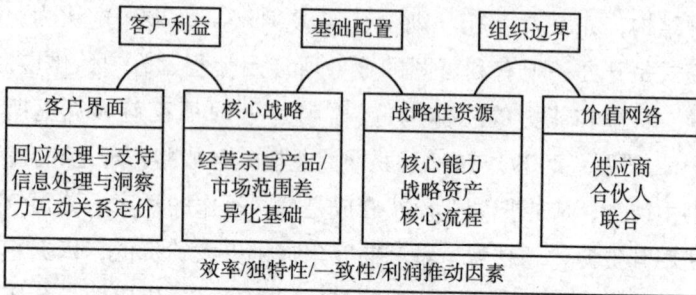

图0-1　商业模式的构成维度与内容要素（Gray Hamel, 2000）

切萨布鲁夫和罗森布卢姆（Chesbrough and Rosenbloom, 2002）认为，商业模式应该具有六个功能：（1）清晰地说明价值主张，即说明基于技术的产品为用户创造的价值；（2）确定市场分割，即确定技术针对的用户群；（3）定义公司内部生产和经销产品的价值链机构；（4）在一定的价值主张和价值链结构下，评估生产产品的成本和利润；（5）描述价值网中连接供应商和顾客的公司位置，包括潜在的进入者和竞争者；（6）制定竞争战略。①

简单说来，商业模式就是考察环境、整合自身资源、获得利润。商业模式是一个描述和简化现实的系统，是价值的产生机制。虽然商业模式并不等同于盈利模式，但盈利始终是企业追求的目标。企业的盈利情况是由产业因素和公司自身的特点决定的，实体企业的商业模式要考虑市场占有率、企业选址、

_____

① Henry W. Chesbrough, Richard S. Rosenbloom, The Role of the Business Model in Capturing Value from Innovation: Evidence from Xerox Corporation's Technology Spin-off Companies, *Industrial and Corporate Change*, June 2002 (3): 529-555.

上下游的产业链等问题。而对于媒体而言，实体经济中的某些影响因素可以被淡化，但价值结构仍然是构成媒介组织商业模式的核心。

考虑到不同媒介的介质特点，传统媒体与互联网媒体在价值结构的表现上，显示出极大的不同，需要分别进行考量。图0-2为传统媒体的链状价值结构。

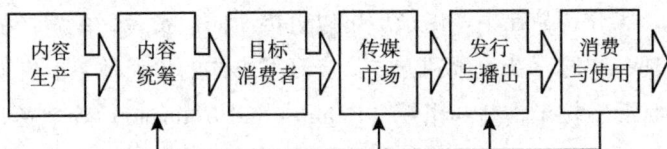

图0-2　传统媒体的链状价值结构

在传统媒体的价值系统中，媒介组织生产产品，然后结合其他媒介产品的购买，对内容进行统筹，再考虑广告商的要求和目标消费者等因素，媒介产品进入传媒市场，通过内容的发行和播出，与媒介消费者见面，被消费和使用。在这个过程中，媒介产品的消费和使用对内容管理、传媒市场以及出版和发行的过程方式都有反作用，但整体看来，传统媒体的价值结构呈现出链状。

由互联网技术所决定的互联网媒体的传播特征和经济特征是影响其商业模式的重要因素。互联网技术改变了过去信息的供给与分配形式，允许每一位使用者依照其需求，获得特定信息。媒介的内容以数字化形式生产和存储，能够轻易地进行分割、编辑、重整等作业，改变了原本的单向生产模式，在目标使用者需求的推动下，走向模组化和定制化的生产。

互联网的技术特征改变了媒体原有的盈利方式，催生了各种新的商业模式，打开了人们的思路和视野。媒体收入不再仅仅依靠广告和内容付费，数据收集、植入式营销、病毒营销等扩展了媒体的盈利方式。甚至有学者认为，对于互联网媒体来说，最重要的收入来源也许是人口统计资料以及媒介消费者行为数据，因为媒介技术的发展使得获得媒介消费者个人的信息，如年龄、性别和一些产品的购买和使用行为变得越来越容易。[①]　显然，建立在技术革新、人口统计和消费者习惯基础上的创新商业模式，可以创造新的利润来源，让公司获得巨大回报。[②]

　　上述特点决定了在传统媒体的价值链中，一个或多个环节消失了，媒介产品在生产出来后可以直接面向消费者，免费产品大量出现，同时，新的盈利方式又丰富了媒体的价值体系。针对这样的状况，拉米雷斯和诺曼（Ramirez and Normann）等学者开始思考一种适应互联网媒体的价值结构，认为互联网媒体的价值结构应该是一种网状的结构（见图0－3），但目前对这种观点还存在争议，互联网媒体短暂的发展历史也并没有证实其可行性。

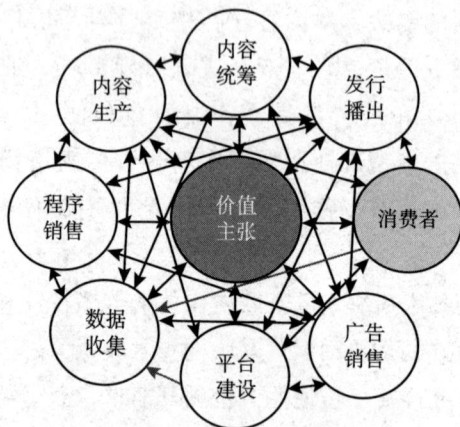

图0－3　互联网媒体的网状价值结构

资料来源：根据 Charles Brown（2010）绘制的图表改造而成。

[①]　菲利普·南波利著，陈积银译：《受众经济学》，清华大学出版社2007年版，第126页。

[②]　Gary Hamel：Innovation as a Deep Capability，Leader to Leader，January 2003，27（Winter）：19－24.

互联网媒体价值的创建是一个共时的、相互作用的网状结构，消费者参与价值创造，并且是其中的重要组成部分。服务也参与价值创造，而在传统媒体中非常重要的管理价值，有些却无法被衡量或是货币化。由于互联网媒体独特的价值结构，决定了商业模式必须进行创新。

随着互联网的快速发展，国内外学术界和实务界对互联网商业模式的研究都显示出浓厚的兴趣，2004 年，《国际媒介管理》（*International Journal on Media Management*）以互联网媒介商业模式为主题出版了特刊，收录了 45 篇相关的论文，其受关注的程度由此可见一斑，从已有的文献来看，对于互联网商业模式的研究有以下两种方法：

第一种，根据已有的成功案例，分析和归纳具有代表性的企业商业模式。如淘宝的 C2C 模式、戴尔的直销模式、Facebook 的平台模式等，比较典型的是亚德里安·斯莱沃斯基（2007）[①]的研究、皮卡德（Picard，2002）的研究等。

第二种，通过逻辑推理构建商业模式框架。如纪慧生等的《基于价值的互联网商业模式设计》，刘胜义的《互联网商业模式的创新——开发网络产品媒体价值的新体系》，郭强的《基于新经济特性的互联网商业模式研究》等。

本研究主要采取的是第二种方法。从研究层次上看，属于商业模式的微观研究，研究的是消费者对互联网媒介组织商业模式形成的影响。

随着传播技术的不断发展，单纯依靠内容和广告的传统盈利模式，会逐渐被新的模式取代，只有结合媒介技术和媒介消费者的时代特点构建出的商业模式，才能具有竞争力。

---

① 亚德里安·斯莱沃斯基等著，张星等译：《利润模式》（第 2 版），中信出版社 2007 年版。

三、本研究的可行性及优势

互联网媒体行业格局初步形成。经过二十年的高速发展，中国互联网媒体的推陈出新速度减慢，进入了平稳发展阶段，虽然随着互联网用户的继续增加以及人们生活、工作方式的持续转变，互联网行业还将面临激烈的竞争和进一步的改变，但行业的基本格局初步形成。互联网媒体的发展现状为我们提供了一个恰当的研究时间点。

统计数据比较完备。由于互联网媒体在成立之初就面向市场，因此财务状况比较透明，加之，近年来有众多的中国互联网企业上市，财务报表是公开的信息，具有可信性并且容易获得，为研究提供了便利。另外，与互联网媒体相伴而生的是互联网媒体的研究和咨询机构，它们定期公布的咨询报告，也为研究提供了阶段性的详尽数据。

可以进行体验式的研究。研究者本人作为最早使用互联网的一代，并且具有传统媒体和互联网媒体的工作经历，既是互联网发展历程的见证者和体验者，又对互联网媒体与传统媒体的对比有深切的感受，这为研究提供难得的体验性素材。同时，周围的人既有互联网的使用者，也有互联网的经营者，为深度访谈提供了便利。

四、数据来源与采集方法

本研究最为重要的一部分是对"互联网一代"媒介消费者行为和心理的分析，由于"媒介的使用过程是高度复杂的、主观的受众与媒介之间的互动，难以用有秩序的、客观的方法精确衡量。"所以一手资料主要来自于开放式的深度访谈和小组讨论。

原计划访谈 100 名左右的互联网消费者，实际访谈人数为100 名，年龄在样本设计的范围内，即 20～39 岁的中国网民，访谈对象的选择考虑了年龄结构、职业、所处区域等因素。

（一）访谈对象的年龄结构（见表0-1）

表0-1　　　　　　　　访谈对象的年龄结构

年龄	20~22	23~25	26~28	29~31	32~34	35~37	38~39
人数	14	15	17	18	16	12	8

注：在样本设计的范围内尽量均匀覆盖。

（二）访谈对象的职业结构（表0-2）

表0-2　　　　　　　　访谈对象的职业结构

职业	学生	机关事业单位工作者	公司职员	专业技术人员	农村外出务工人员	其他
人数	27	12	17	10	10	24

注：主要是根据《中国互联网络发展状况统计报告》（2018年8月）中网民的职业结构比例情况，进行选择抽样，也考虑了便利性因素。

（三）访谈对象所属的区域分布（表0-3）

表0-3　　　　　　　　访谈对象所属的区域分布

所属区域	北京	福建	山东	湖北	宁夏	河南	广东
人数	14	16	16	18	9	17	10

访谈的方式包括面谈、电话交谈和网上交谈。访谈的问题主要包括：（1）你通常上网都做些什么？（2）这些使用方式满足了你什么需要？（3）你还希望能从中获得什么？需要说明的是，上述三个问题只是开放式的框架问题，在实际访谈中，会根据访谈对象的回来进行扩展性的提问。通过访谈，收集了多种观点和看法，在文中主要采用了与本研究比较相关的内容。

　　小组讨论包括十个小组，每组 5 ~ 10 人，主要按职业和地域两个维度进行分组，适当考虑年龄因素。小组讨论的参与者与上述深度访谈对象有部分重叠，讨论的问题与访谈的主要问题一致，各小组成员在讨论过程中，根据自身的偏好对问题进行了扩展。通过小组讨论获得的资料融入到文本的叙述中。

　　互联网媒体管理者的相关资料，来自其个人博客、已有的访谈和相关报道，本研究中采用的统计数据，主要来自上市互联网公司公开的报表和互联网媒体调查机构公开的数据。

五、研究思路

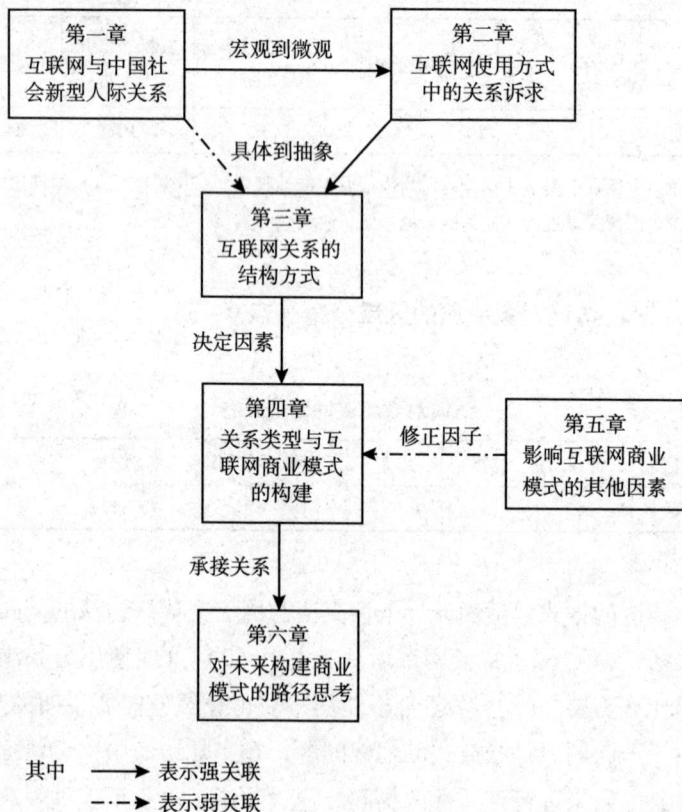

图 0 - 4　研究思路

第一章

互联网与中国社会的
新型人际关系

当我们已经习惯了一个按照农业生产和工业生产模式构建的社会体系，又开始面对着智力世界带来的新挑战：一个充满了多种形式的信息传递和娱乐产品的，没有边界的互联网世界。技术发展、人口特征的变化和经济全球化，给社会、政治、经济和传播方式带来了深刻的改变，平等、协作、创新和多元成为一股不可阻挡的力量。

同样是在互联网的伴随下成长，中国的互联网一代与世界各国的同龄人相比，具有很多共性，但由于文化和社会发展阶段的不同，也会呈现出独特性，在全球化和数字化的今天，他们以自己的方式认识和创建这个世界，其作用不言而喻，正如 Facebook 的创始人马克·扎克伯格所说的"如果遗漏了 13 亿人的市场，如何能连接整个世界？[①]"

互联网的本质是人与人之间建立联系的媒介，这种特征与中国人看重关系的传统相匹配。中国的互联网一代在改革开放、市场经济、城市化、全球化的背景下成长，经历着社会的转型和媒介形态的更新，既继承了传统文化中对关系的重视，也应和了时代的变迁，以一种新的方式结成了关系，从某种角度来说，互联

---

① 《21 世纪经济报道》，2010 年 12 月 23 日。

网为中国社会新型关系网的建立提供了很好的平台，这也从一个侧面解释了为何互联网在中国的发展如此蓬勃。

第一节　中国文化中的关系

关系的形成和发展深受传统文化的影响，同时又离不开社会现实条件。中国传统文化中的关系以"己"为中心，以血缘关系为出发点，讲究有情有理，是一种根据环境而做出调整的富于伸缩性的结构。关系根植于文化中，但随着社会的变迁，其内涵和结构也会相应地发生变化。这一节要讨论的是中国文化中关系的特征以及在现代化过程中，关系的传承与变化。

一、传统文化中关系的特征

中国社会的关系结构是一个富于伸缩性的网络，以"己"作为中心。这并不是个人主义，而是自我主义。个人是对团体而说的，是分子对全体。在个人主义下，一方面是平等观念，指在同一团体中各分子的地位相等，个人不能侵犯大家的权利；一方面是宪法观念，指团体不能抹杀个人，只能在个人所愿意交出的一份权利上控制个人。这些观念必须先假定了团体的存在。在我们中国传统思想里是没有这一套的，因为我们所有的是自我主义，一切价值是以"己"作为中心的主义。①

中国文化中的关系是以家庭为出发点的，家庭在任何社会中都是人们最初社会化的场所，因此，其本身的特点成为影响关系形成的关键因素。但这里的家庭并不是现代意义上的由父母子女构成的核心家庭，而是一种扩大了的家庭形式——家族，是由一定范围内有血缘关系的成员组成的。家族的范围在纵向和横向上

---

① 费孝通：《乡土中国》，人民出版社 2008 年版，第 30 页。

进行扩展，就形成了中国人重视祖宗、家谱，也重视宗族、乡亲的传统，这些共同构成了以"己"为中心向外扩散的圈层。传统的中国社会是农业社会，人们对土地的依赖使得这种家族观一直延续下去，由其推出的关系结构也就固化下来。

传统文化中关系的规范依据的是儒家伦理，儒家强调人际关系中的五种角色关系：君臣、父子、夫妻、兄弟和朋友。在这五种关系中，三种家庭关系居于核心地位，君臣和朋友的关系实际上是父子和兄弟关系的延伸。儒家伦理这种内在的连续性和统一性，使之不仅具有理论上的指导意义，也是可以应用的现实标准。儒家思想中提倡的"仁"，就是一种有秩序的处理人与人之间关系的方法，首先是处理好父子、兄弟的关系，然后推演至君臣和朋友，最后是从整体上认清自己在社会中所处的地位，处理好各种层次上的关系，严格遵从既有的秩序。

中国人的关系文化中还重视"缘"，"缘是中国人心目中的一种命定的和前定的人际关系。"[①] 缘是天命观的一种现实化的表述，天命观产生于远古时代，当时人们对生活中的很多事情无法做出合理的解释，就把它归结为上天的安排，汉代以后，董仲舒、朱熹等思想家进一步发展了这一思想，使之更加丰富化和体系化。佛教和道教在中国的盛行，使得缘和天命的思想在民间更为普及，对中国人的社会心理产生了很深的影响，人们相信无形中有一种力量操纵着社会的走向和每个人的个人命运，这也就使得人们会相信彼此之间可以相识，并建立起相应的关系，是一种缘分的体现，是上天的安排。

在此基础上，有学者提出，中国人际关系的基本模式是由"人情""人伦"和"人缘"构成的三位一体，它们彼此包含并各有自身的功能。"人情"是其核心，这表现了传统中国人以

---

① 杨国枢：《中国人之缘的观念与功能》，引自《中国人的心理》，台湾桂冠图书公司 1988 年版，第 123 页。

"亲戚"为基本的心理和行为样式。"人伦"是这一基本模式的制度化，它为这一样式提供一套原则和规范，使人们在社会互动中遵守一定的秩序，而"人缘"是人们在观念中对这一模式的总体设定，它将人与人的一切关系都限定在一种表示最终的本原而无须进一步探讨的总体框架中。① 从这种模式出发看待现实生活中的人和事，会发现许多都是有规矩可循的。

中国人的处事方法讲求有情有理，但在两者之中更重情，而西方人则更重视理。有很多学者对此进行过比较论述，如梁漱溟认为："西洋人是要用智的，中国人是要用直觉的、情感的……所谓孝弟礼让之训，处处尚情而无我。"② 林语堂也认为："对西方人来说，一个观点只要逻辑上讲通了，往往就能认可。对中国人来说，一个观点在逻辑上正确还不够，它同时必须合乎人情。实际上，合乎人情，即'近情'比合乎逻辑更受重视。"③

"中国的道德和法律，都因之得看所施的对象和'自己'的关系而加以程度上的伸缩。……在这种社会中，一切普遍的标准并不发生作用，一定要问清了，对象是谁，和自己是什么关系之后，才能决定拿出什么标准来。"④ 因此可以看出，中国人对社会关系的处理是处于多维度当中的，当情境和情境的组合发生变化，就会采用不同的处事方式。在中国人看来，个人的社会行为要受到场合的影响，因势利导、因人而异，因此带有世故和变通的色彩。

东西方的人际关系本质上都是一种交换关系，但两者又存在着很大的不同。西方人以个人为中心，海洋文化本身又具有冒险性和非连续性，这些决定了其人际关系中的交换具有理性、短暂

---

① 沙莲香等著：《中国社会文化心理》，中国社会出版社 1998 年版，第 280 页。
② 《梁漱溟全集》第一卷，山东人民出版社 1990 年版，第 479 页。
③ Lin Yu tang, *My Country and My People*, New York. Reynal & Hitchcock, 1935, P. 91.
④ 费孝通：《乡土中国》，人民出版社 2008 年版，第 42 页。

性和间断性的特点，如果在短时间内没有完成，交换的基本条件可能就不复存在了，这也强化了对公平的追求。中国人则相反，血缘家族的连续性、内陆文化的稳定性，决定了这种交换是长期的、没有那么明确的，因此才有"父债子还""跑得了和尚，跑不了庙"的说法。既然公平成了一个循环往复又长期的过程，模糊就慢慢取代了公平。"水至清则无鱼，人至察则无徒"① 成为一种被广泛认同的交往哲学。因此，中国人更重视关系的维持，而不是每次交换的平等和公正。

中国传统文化中的关系是一个包含了情感、价值、规范的统一体系，这一体系有明晰的框架和演进路径——由家庭、家族、血亲向外推演；有共同的规范——儒家伦理；也有弹性的调整空间——缘和天命。这使得其在世代更迭中能够始终保持稳定。诚然，今天的中国社会在很多方面都发生了快速和深刻的变化，这种翻天覆地是前所未有的。然而，古老的文化传统难以在一瞬间加以改变，根深蒂固的生活方式和思维方式依然影响深刻。

二、关系文化的延续和传承

许烺光曾在《美国人与中国人：两种生活方式比较》中讲述了一段经历，并提出了一个引人思考的问题——文化对于制度的穿透性。专栏作家约瑟夫·艾尔索普和妻子 1972 年在苏联、东欧和中国进行了为期一个月的旅行，在离开中国的时候，他们开始探讨一个问题，与令人沮丧的苏联和东欧国家相比，中国既不令人厌倦也不令人沮丧，为什么会这样？这对来自美国的夫妻百思不得其解。在许烺光看来，这是因为"把中国人与俄国人区别开来就像把中国人与美国人区别开一样是人类的本能，不管中国人做了些别的什么，反正中国人的特长是善于协调人际关系，

---

① 班固：《汉书卷六十五　东方朔传第三十五》，中华书局 1962 年版。

并将这种协调方式成功地从传统转向现代以适应事物的新格局①"。这就使得即使处于同样的社会制度下，不同民族的人依然深刻地继承了本民族的文化特征。

那么在今天的中国，传统文化中的关系有哪些特征穿透了时空的束缚，依然在影响着我们的社会呢？考虑到结构和认识上的统一，下文的论述依然从家庭、伦理和缘分几方面展开。

当代社会，中国的家庭结构发生了改变，从几世同堂的大的家庭结构分解成若干小的家庭结构。但现代化的进程并没有动摇家庭在人际关系形成中的基础性地位。卢作孚在探讨现代中国人际关系时认为，"家庭生活是中国人第一重的社会生活；亲戚邻里朋友等关系是中国人第二重的社会生活。这两重社会生活，集中了中国人的要求，范围了中国人的活动，规定了其社会的道德条件和政治上的法律制度"。② 在人们的交往中，关系越是靠近亲缘的核心，就越容易互相接纳，产生深刻的影响；反之，则越容易被排斥和疏远。从家庭出发形成的亲缘关系依然是建立人情的基础。而且在当代中国，"一个人处理'人情'关系的能力大小常常成为衡量其社会活动能量和人际交往水平的标准"。③ 可以影响一个人在社会上的成就和地位，于是，长者经常会总结出这样的座右铭"学做事，要先学做人"。即使社会正在向理性和法制过渡，但显然，情理交融依然是中国社会处理人际关系的特点，在社会生活的大多数领域，情的作用依然突出。

从伦理的角度看，尽管中国文化传统中的一些道德规范的内容随着社会环境的变化发生了一些改变，甚至有些因为不适应现有社会的物质条件被淘汰，但也有很多伦理和道德依然在规范中

---

① 许烺光著，彭凯平、刘文静等译：《美国人与中国人：两种生活方式比较》，华夏出版社 1989 年版，第 8 页。

② 卢作孚：《中国的建设问题与人的训练》，引自梁漱溟编著：《中国文化要义》，学林出版社 1987 年版，第 12～13 页。

③ 孙春晨：《人情伦理与市场经济秩序》，载于《道德与文明》，1999 年第 1 期。

国人的生活，成为处理人际关系的标准。以伦理作为标准会导致人际关系的道德化和等级化，在现实社会中，人们对于他人的评价，总是会根据其所处的地位以及行为，进行道德上的判断，这也使得在法律与道德之间的广阔地带，中国人的交往行为始终是有据可循的。以伦理来约束人与人之间的行为，时至今日依然是中西方社会一个重要的区别，正像罗素所观察到的："中国有一种思想极为根深蒂固，即正确的道德品质比细致的科学知识更重要。这种思想源于儒家的传统。"①

当代社会，中国人逐渐远离了土地的束缚，在更大的空间里寻找建立关系的伙伴，关系的建立也就在一定程度上突破了血缘和地缘的限制，关系结构在空间上的扩展意味着人与人之间因为血缘关系而建立起联系的必然性开始松动，偶然的因素增加，心理上的认同逐渐成为建立关系的重要基础。这种变化使得"缘"在解释关系的形成和内涵时的作用更加突出了。既然人们不是因为生来固有的渊源而认识、相处、相互影响，那么为什么还会相遇，并结成或紧或松的关系呢？很多人将其归结为"缘"的作用，并因此将这种关系赋予了一种命定的色彩，更加神秘和浪漫。"缘"一直是调节人际关系结构的弹性部分，在现代社会中，由于环境的变化，它的调节作用更为突出。

显然，在当代中国社会，人际关系的结构和内涵发生了一定的变化，但其延续性体现得非常明显，尤其是在农村，古老的关系传统还在发挥着重要的作用。即使是在现代化程度高的城市，中国人依然深受其所处的关系结构的影响，始终"强调个人在其同伴中的恰当地位及行为的情境中心适成对照。在社会心理方面依赖他人，因为情境中心的个人与他的国家和同伴紧密联系在一起，其欢欣与悲哀由于他人的分享或分担而趋于

---

① 罗素著，秦悦译：《中国问题》，学林出版社1996年版，第61页。

缓和"。①

三、关系文化的发展和变化

上面讨论的是传统文化中一些具有穿透力的较为稳定的因素，它决定了关系的传承和延续，下面要考察的是关系的演进，即当关系存在的前提和社会背景发生变迁时，其特征和表现形式的变化。

正如同家庭是形成和分析人际关系的出发点一样，关系结构的变化也深受家庭结构改变的影响。改革开放以来，独生子女政策和城市化进程，使得中国的家庭结构，由传统的大家庭向现代的小家庭转变。对比两种家庭结构对于文化传承的影响，可以寻找到关系发生变化的动因。

在传统的中国家庭中，私人空间几乎不存在，孩子常常与父母共用一个房间，直到进入青春期，即使家中住宅宽敞，也可能如此，私人物品更是没有很明确的区分。而在现代小家庭中，个人空间的区分更为明显。

在传统家庭中，由于子女众多，儒家学说又以孝为最高理想，孩子的权利和想法遭到漠视，孩子常常在不断的规制下，慢慢顺应社会的规则，个人的想法、愿望、天赋很难受到重视，反而是最快适应规则的人，会受到褒奖，个性一直都是缺点，而不是人区分于他人的优势。在小家庭中，孩子则受到了前所未有的重视，虽然有很多人批判在这样环境下成长起来的人，具有自私、自我等缺点，但这无疑是对传统文化中走向极端的弊病的一种弥补。

传统的中国人，喜爱小孩子可爱的举止和称赞年轻人的勃勃生机，但评价他们的时候，仍会不自觉地以其是否符合成年人的行为尺度为标准。现代的中国社会并没有改变这一特点，但却因

---

① 许烺光著，彭凯平、刘文静等译：《美国人与中国人：两种生活方式比较》，华夏出版社 1989 年版，第 13 页。

为家庭结构比较小，人的价值得到了更多的尊重，因此，那些不符合成年人行为标准的表现，也就得到了更大程度的包容。

在传统社会中，经常会几世同堂，不仅父母会对孩子进行管教，让其行为符合社会固有的标准，祖父母、外祖父母，姑姑叔叔阿姨，所有年长的亲戚，都可以教育孩子，使他进入所谓的正常轨道。这些教育者甚至可以扩展到乡亲、邻居等，而且无论这些成年人的标准是否正确，年龄和辈分已经足以背书他们观点的正确性。在小家庭中，父母管教子女，但其他人由于空间上和心理上的分离，已经很难对孩子的成长产生具体的影响。于是，也就给一个新的生命探索未知世界保留了空间。

由上述分析可以看出，家庭结构的变化在一定程度上阻碍了传统文化向现代社会的渗透，新生的一代更多地从自身所处的环境而不是传统来获得最初社会化的信息。人际关系依然以直系血缘为核心，传统的扩展路径却被中断，人们开始凭借自己的兴趣和愿望拓展关系结构。

从规范的角度，人际关系的契约化对传统的伦理造成了冲击。人际关系本质上是一种交换关系，传统上以伦理作为规范。随着社会流动性的加剧，纵向的血缘关系在一定程度上被松动，横向的基于商品的人际关系建立起来，传统上延时的、模糊的交换方式被短时的、较为公平的交换方式所取代。特别是在市场经济的环境下，与之相适应的契约会在一定程度上取代伦理，成为规范人与人之间关系和行为的重要因素，这是由关系的结构变化引发的规范的变化。虽然"从表面上看，人际之间关系靠文字契约维系似乎撕破了中国传统文化奠造起来的以人伦为自豪的谦谦君子的面纱，实际上它可以有效地保护人际交往双方的利益，保证双方正常关系的稳定和发展"①。当下的中国，正处在人际关

---

① 韩平：《市场经济条件下人际关系的基本特征》，载于《行为科学》1995年第1期。

系由伦理规范向契约规范的过渡，两者共同发生作用。

关系属于社会心理和行为层面，其转变是一种深层结构的变化，既深受社会的物质和制度变迁的影响，但又不可能与之同步，会呈现出一定的滞后性，是一种渐变和蜕变的过程。

第二节　中国社会的新型关系网

即使在不久以前，老一代仍然可以毫无愧色地训斥年轻一代："你应该明白，在这个世界上我曾年轻过，而你却未老过。"但是，现在的年轻一代却能够理直气壮地回答："在今天这个世界上，我是年轻的，而你却从未年轻过，并且永远不可能再年轻。"

——玛格丽特·米德《文化与承诺》①

当今中国的年轻一代，在与其父母截然不同的社会环境和背景下成长，形成了与上一代不同的价值观和对事物的看法。由于全球化、城市化、数字化，这一系列影响深远的社会变革集中在几十年间，中国社会原有的传承关系被打破，我们进入了一个全新的时代。

当今的中国，由于社会变革的加快和城市化进程中大量移民的存在，文化的延续性被割裂，中国人被时间和空间两个维度划分成不同的小群体，彼此之间分隔开来，形成了具有时代特色的新型关系网，其特点是：家庭对关系的形成只起到了部分的作用，人们更多的是通过相似的经历、相同的价值观和相近的爱好结成关系；关系的建立不再被动地依靠血缘和地缘，是一个主动

---

① 玛格丽特·米德著，周晓虹、周怡译：《文化与承诺：一项关于代沟问题的研究》，河北人民出版社 1987 年版。

的过程；关系的种类众多，内在具有精神上的同质性。

一、代沟与人群的纵向分隔

美国人类学家玛格丽特·米德很早就关注到代沟问题的存在，并从文化传递的方式出发，将人类社会划分为"前喻文化""并喻文化"和"后喻文化"三种不同的类型，"前喻文化"主要是晚辈向长辈学习；"并喻文化"是指学习发生在同辈人之间，而"后喻文化"则是指长辈反过来向晚辈学习。这一划分不是来自抽象推理，而是人类所生活的历史阶段的真实反映。

"前喻文化"是数千年来社会的基本特征，建立在传统社会的生产生活基础之上，传统社会生产工具简陋，生活相对封闭，人们缺乏变革生活和社会的必要物质手段。一代又一代的人延续着父辈和祖辈的生活，他们看不到生活变化的可能，前辈的过去就是他们的未来，"他们的父辈在无拘束的童年飘逝之后所经历的一切，也将是他们成人之际将要经历的一切"①。

中国的地理条件和文化传统决定了传承的重要性，这种传承以土地为依托，以血缘关系为纽带，使得数千年来，在中国社会中，"前喻文化"的特征明显。中华文化是一种早熟的文化，先进的文化形态很早就确立下来，在随后漫长的历史长河中，因为没有根本性的技术、思想和制度的革新，历史的变更只是体现在朝代的更替上，就实质而言变化甚微，一代又一代的年轻人在毫无抵抗力的情况下，接受了父辈、祖辈的生活方式、经验和人生观，其社会化的过程是在老一代的严格控制下进行的，他们当然也就只能是长辈的肉体和精神的延续，只能是他们赖以生息的土地和传统的产儿。

---

① 玛格丽特·米德著，周晓虹、周怡译：《文化与承诺：一项关于代沟问题的研究》，河北人民出版社 1987 年版，第 5 页。

　　严格的传承性使得传统的中国社会从不鼓励标新立异，也不注重个人的价值，集体的和家族的利益才是需要优先考虑的，这从根本上来说排除了变革的可能，也就避免了代沟产生的可能。"在无知的山谷里，古老的东西总是受到尊敬。谁否认祖先的智慧，谁就会遭到正人君子的冷落。所以，大家都和睦相处。"①

　　改革开放后，中国社会发生了巨大的变化，外来文化的进入、大规模的移民以及农业文明向工业文明的过渡，使得以往的经验和传统，变得没有那么重要了，新的生存环境和在变动中形成的共同心理，促进了同代人之间的交流，人们从中不仅可以获得心理安慰，还可以获得现实的帮助。在这个过程中，知青文化、80后、90后、独生子女群体，不仅是时代和生活环境的划分，更意味着共同的心理和世界观，而且在中国，由于社会的发展非常快，几年的时光就可以割裂代际之间的共性，创造出极大的差异来，这就是人们常说的"三年就是一代人"。所有这些都使得，人们失去了原有的行为楷模，只能根据自己的亲身经历来寻找未来发展的走向，并从已经适应了新环境的同伴那里学习，这种同代之间的交流和教诲，被玛格丽特称之为"并喻文化"。

　　随着"并喻文化"的形成，代际冲突不可避免。对于年轻一代来说，在新的环境中，他们所经历的一切是上一代所不曾经历过的，而对于老一代来说，他们已有的经验和方式已经无法适应新世界的需要。在这种背景下，友伴之间、同学之间互相交流和学习，寻找情感慰藉和身份认同，因为在一个群体内部，我说的话"你懂的"。而在群体外部，人们之间的沟通变得更加困难。

　　由于当代中国社会发展的不平衡，一部分人生活在传统的"前喻文化"的氛围中，一部分人开始在"并喻文化"中寻找

---

　　① 房龙著，连卫、靳翠微译：《宽容》，三联书店1985年版，第2页。

力量，而另一部分人，则与世界同步进入历史上的一个全新时代——"后喻文化"的时代。年轻一代因为掌握了理解未来的钥匙而在社会中获得了新的权威。这是一种和"前喻文化"相反的文化传递过程，即由年轻一代将知识文化传递给前辈的过程。

古往今来，没有任何一代能像今天的年轻一代经历这林林总总的变化，也没有任何一代能像他们这样"了解、经历和吸收在他们眼前发生的如此迅猛的社会变革"。"牛顿花了一生才发明的物理定律，现在的大学生一星期就学会了。"①

于是，今天的社会呈现出这样分裂的样貌："整个世界处于一个前所未有的局面之中，年轻人和老年人、青少年和所有比他们年长的人隔着一条深沟，在互相望着。"② 今天的年轻一代生长在一个他们的长辈完全未知的世界中，但成年人中却很少有人意识到这一现象是历史的必然，他们习惯于把年轻人对现在和过去的全盘否定仅仅看成是青春期反抗的一种极端形式，却没有意识到，代际之间的这次决裂是全新的、是复杂的、也是带有普遍性的。

二、城市化与人群的横向分隔

人与人之间的差异不仅与所处的年代有关，还和生活环境、家庭结构等密切相关，当代中国人之间的差异和群体划分是由时间和空间两个维度作为坐标划定，这也使得，在中国社会中存在着相较于西方社会更为多样化的小群体。每一个小群体中的人，或因为时间上的分隔，或因为空间上的距离，或因为机缘巧合，都与群体外的人在生活背景和心理上存在差异，隔着深浅不同的

---

① 费孝通著：《美国与美国人》，三联书店 1985 年版，第 85 页。
② 玛格丽特·米德著，周晓虹、周怡译：《文化与承诺：一项关于代沟问题的研究》，河北人民出版社 1987 年版，第 6 页。

沟壑相互对望着。每个人都从自身的经历出发，认为自己所认识到的是真实的世界，很难认同他人的观点。

从农村迁移到城市的群体是当代中国最大的移民群体，他们的情况最能说明这种文化的断裂和重新生成，进城的农民群体不再需要考虑播种、浇水、施肥等农业生产活动的技能，取而代之的是工业化和城市生活的技能，祖辈们口口相传的与农耕文明有关的知识，已经不再重要，于是权威也消失了。和年轻一代对新的生活方式的接受有所不同，年老的一代必须面对先前行为方式价值的丧失，前者是在平地上盖起新房，而后者是一种推倒重建，这无疑是更加痛苦的，于是年老者难以适应新的生活方式，而年轻一代已经接受了新的生活方式，他们生活在相同地理区域的不同世界中，分隔也就成为必然。

即使是同龄人，生长在农村的，和经历了从乡村到城市转变的，以及那些一直生活在城市的人，会有着不一样的成长经历和心路历程，一个生长在偏远山区的90后并不必然比在城市中成长的70后更加现代。这也使得传统文化对不同人群的影响会存在差异。当偏僻的乡村，人们还在延续着传统，城市里已经进入了现代社会，那些游走于城乡之间的人，则经历着更为剧烈的文化断裂与重建。

当今世界，科技革命的蓬勃发展使整个社会发生了巨大的变革，人与人的关系、人与自然的关系在几十年中发生了无以逆转的变化，今天再也不是过去的简单延续。而在中国，科技的变化裹挟着社会的变革，在三十年间翻天覆地。而且由于发展的不平衡，时间和空间共同作用，把社会分割成像梯田一样的形状。人们分散在他所属的阶梯上，将自己原本熟知的世界抛在身后，开始生活在一个完全陌生的新时代中。

上述变化带来的不仅是人们生活环境的改变，更是造就了一个新的社会系统。正如吉登斯所说的，不应把时间和空间仅仅视为社会行动的环境，而应以社会系统在时空延伸方面的构成方式来建构社会思想，"社会系统的时空构成恰恰是社会理论的核心"。[①] 有学者通过实证研究认为，"我国社会人际关系在社会发展和改革开放的推动下正经历着一个比较大的模式转型期。社会人际关系的旧有格局已经或正在被打破，新的社会人际关系正处在将建未建的过程中"。[②]

在转型中，价值观念呈现出多元化，传统的生活方式、人与人之间的关系，以及人与社会之间的关系，正发生着根本性的变化，面对着这种改变，人们持两种态度，一种认为，尽管形式发生了改变，但未来依然不过是过去的延续，另一种则认为，这种改变是颠覆性的，我们实际上已经处于文化变革的又一个全新的历史时代。

三、新型关系网的特点

传统文化在当代面临的是时间和空间上的双重挤压，在文化传承中延续的传统的人际关系，面临着重大的转变，这种转变体现在关系的结构和特点上。

核心家庭依然是人际关系的出发点，但情感上的认同在一定程度上取代了血缘和地缘，成为关系延伸的重要路径。只是由于社会发展上的不平衡，在乡村，传统的人际关系依然占据主导，在城市，尤其是现代化的大城市，情感上的认同发挥了重要的作用，更多的人处于两者之间的过渡中。与之相伴的是，关系的延伸更多的是一种主动性的选择，寻找那些志同道合或是可能对自己有帮助的人建立关系，而不是被动性的接受，接受血缘所赋予的天然关系。

伦理和契约在人际关系中共同发挥作用，不同的人际关系决

---

① 安东尼·吉登斯著，李康、李猛译：《社会的构成：结构化理论大纲》，三联书店 1998 年版，第 196 页。
② 喻国明、刘夏阳：《中国社会人际关系与现状调查》，载于《中国人民大学学报》1993 年第 2 期。

定了其在规范性上的差别，从大的趋势来说，是从伦理规范向契约规范过渡。在不同的小群体中，开始形成多样并且细化的规范方式。比如在非政府组织中，在粉丝群中等等，人们会在很大程度上受到组织规范的影响。

由于情感、兴趣等主观因素在关系形成中起到的作用越来越大，人与人之间的相识总有些说不清的成分，这使得缘分的作用更加被强化。同时，基于心理因素形成的新型关系网容易发生变动，不再具有传统关系的稳定性。"现实社会中的交往大多以血缘、地缘或业缘为基础，由于这些因素制约，人们之间即使话不投机或性格不合也往往不能终止交往。"①。而建立在心理因素基础之上的交往，却可以因为一个小小的不愉快而走向终结。

新型关系最为突出的特点是人际关系的类型多样化了，一个偏好和情感的共鸣都可以成为建立关系的基础，这使得当今的中国社会，存在着较以往，种类多得多的人际关系类型，这也符合了社会转型时期的典型特征。

基于上述分析，重视人际关系是中国文化的传统，在文化传承过程中，关系结构的方式和特征既有延续也有发展；在当今时代，由于时空两种维度的限制，中国社会呈现出更多样化的关系需求，心理因素逐渐取代血缘、地缘等限制因素，成为建立关系的基础，伦理对关系的规范逐渐弱化，在由伦理向契约过渡的过程中，对关系的规范也呈现出了多元化。这些人际关系结构和特征的变化成为影响一代人行为的内在动力。

第三节　互联网契合了建立新型关系的需要

数字化媒体的预言者麦克卢汉认为，媒介成功与否，在

---

① 郑百灵、谢建社：《论互联网人际交往的特征及类型》，载于《江西师范大学学报》2004 年第 5 期。

一定程度上依靠其与其他媒介的兼容程度，例如，中国发明
活字印刷，比欧洲的古登堡至少要早五百年，可是为什么活
字印刷技术没有推动大众媒介在中国的繁荣？麦克卢汉认
为，是因为中国的会意文字不太适合互换性的活字排版，西
方的字母表只有 26 个字母；与此相对，汉语的字框里所装
的会意字，却数以千计。西方文字更适合这种技术的特征。

————《数字麦克卢汉》作者中文版序①

互联网是一种产生于西方的技术，创新应用也多来自西方，
但它的技术特征是一个相互联系的网状结构，每个人都是网上的
一个小小的结点，因为各种原因连接起来，结成了不同的小群
体。这契合了中国人重视关系的文化传统，尤其契合当代社会的
新型关系结构和特点，互联网的本质特征与中国人对关系的内在
需求的兼容性，无疑是互联网在中国社会蓬勃发展的一个重要
原因。

在访谈对象中，由于职业和年龄的不同，人们使用网络的方
式也存在着较大差异，但通过网络与人保持联系，都被访谈对象
所强调，差异在于，办公室一族更多地把网络看作是联系工作上
伙伴的工具，而在校学生或年轻一代的农民工群体则具有更加开
放的视野，希望在网络上结识不同的人。

一、互联网是人与人相互联系的媒介

几年前，如果问人们互联网最重要的功能是什么，可能得到
的回答是可以获得海量的信息，但现在，问同样的问题，很多人
会回答，可以通过互联网交朋友，和有共同兴趣爱好的人保持
联系。

———————————

　　① 保罗·莱文森著，何道宽译：《数字麦克卢汉：信息化新纪元指南》，社会科
学文献出版社 2001 年版，作者中文版序。

互联网的本质特征是一个人与人相互联系的网络。正如麻省理工学院的大卫·克拉克（David Clark）曾说的："把网络看成是电脑之间的连接是不对的。相反，网络把使用电脑的人连接起来了。互联网的最大成功不在于技术层面，而在于对人的影响。[①]" Web 2.0 更是凸显了这种特质，强调网络的社会化，强调人和人之间的关系，会把更多的交往功能、沟通功能放到网上来。社交类应用在人际关系的建立、维系和发展中发挥着越来越重要的作用。随着互联网应用门槛的降低、宽带的普及和技术水平的提高，前台的应用会更加简单，也会让更多的人参与进来，建立起一种共生共荣的关系。

互联网的另一个特征是平等，之前人类社会广泛存在的组织大多是金字塔的结构，而互联网是以单个人为结点的网，原则上说使用者进入互联网是没有人为门槛限制的，它搭建了一个平等的舞台。当互联网的应用渗透到整个社会，这种平等的权利就融入到各行各业中。

于是，基于互联网的本质特征而建立起来的各种网站发展迅速，在社会化网络之上，人们自发地形成各种群、组，从单一的政治模式，固定的生活圈子中解放出来，"我就是我"和"我们是一类人"成为形成网络关系小群体的基础。在基于共同的兴趣爱好、共同关注的问题和相似生活背景建立起来的圈子中，人们更容易被肯定与被认同，相似的观点在小群体中被前所未有地放大，也为每个人提供了最大限度自我认同的可能。"网络空间已构成社会学意义上的一种社会组织结构和形式，成为人的又一生活世界与栖息地"[②]。

网络关系随意、自然，是现实生活的一种有益补充。当我们

① 郭良：《网络创世纪——从阿帕网到互联网》，中国人民大学出版社1998年版，第162页。
② 于文秀：《网络生存的文化意蕴探索》，载于《求实》2001年第6期。

看一部好片子或一本深受感动的书，可以随时通过网络和朋友交流，当我们出发去旅行，风景和心情，需要自己去看、去体验，也需要让朋友一起分享，这种随时随地自在分享的快乐是网络带给我们的惊喜。社会本身就是共同生活的人们通过各种各样社会关系联合起来的集合体。所有这些社会化的网络，其核心也是一再发掘、建立、投射与涵盖人际关系。只是它更广泛，也更个人化；关心这个世界，也关心每个人的那点儿小心思，通过人类自己的使用行为，让互联网上那些庞杂的信息，更贴近每个人。网络社会以现实社会中的人际关系投射为基础，向外扩展、蔓延，直至影响我们生活的方方面面。可能从统计数据上看，使用Google或百度的人很多，人们通过搜索引擎寻找电影信息、餐厅，和与工作相关的信息。但人们会更多地停留在社交网站上，和朋友打招呼、聊天、分享感受，再花上几个小时玩各种层出不穷的新游戏。网站将一家餐厅描述得天花乱坠，我们也可以立刻判定这是广告或者半信半疑，但如果我们的朋友在一条状态里描述在那儿度过了完美的一个晚上，也许我们会立刻拨打他在状态信息里留下的电话。Google会告诉我，从我家去那儿最短的路程；但朋友会贴心地告诉你，那条路直线距离的确最短，但红灯太多，还经常堵车。美国《时代》杂志评选出2010年度人物，社交网站Facebook创始人马克·扎克伯格成功获选，理由是：让5亿多人成功连结在一起，并在他们之间绘制社会关系；创造了一套交换信息的崭新系统；改变了人们的生活方式。

二、互联网为多样性关系的形成提供平台

积极地寻求信息而不是被动地接受信息，是世界范围内网络一代的共同特征。没有话语权的年轻人，渴望打破传统人际关系和环境的限制，在群体内部寻找认同，对于这种渴望，最便捷的实现方式，就是通过互联网。网络上讨论不同问题的群、论坛，甚至游戏，都可能成为精神上的新家园。这就将社会化成了一个

个小的、隐形的关系群体，这些群体最大的特征就是通过兴趣、爱好等内在的东西结合的。互联网的出现和繁荣加深了代际之间的鸿沟，阻挡了原有文化向互联网一代的传播。

因为有了互联网这一社会性工具，人们构建各种群体变得比以往容易许多，因而，群体行为开始史无前例地引人注目。不管你有什么样的窄众化的需求，都可以找到志同道合的人；新闻传播再也不是少数人把关的特权产物；商业流通和合作比以往任何时候都快捷便利；各种群体行为对社会的影响逐渐加深。

互联网本身就是为小群体的积聚和传播提供了空间，有着共同经历和爱好的人，在这些共同空间中进行表达，并寻求认同。整个人类第一次共同生活在一个能够相互沟通信息、交换反应的社会之中，分享着知识和忧虑。互联网上形成的关系最为重要的特点，是一种主动选择的结果，反映的是人的本能，凡勃伦认为，"本能树立了人类行为的最终目的，推动了人类为达到这种目的而做的努力，理智则不过是达到目的的一种方法。个人和社会的行动都是受本能支配和指导的。"①

今天，我们无法肯定在历史上有哪一时期曾存在过由许多小型社会所组成的单一社区，那里的社会成员们彼此熟识，通过对各个小型社会之间存在着哪些区别的了解加强着各个亚群体的同类意识。

在当代中国，我们生活在一个不确定的时代，传统文化与现代文化、城市文化与乡村文化、民族文化与外来文化大规模的交替，价值的颠覆、思想的混乱、秩序的失范使得整个社会呈现出无限的可能性和多样性。

父辈们的经验很难适用于互联网一代，因为我们面对的是他们不曾遇到的新问题：社会结构转型、流动加剧，社会的分化加

---

① 凡勃伦著，蔡受百译：《有闲阶级论：关于制度的经济研究》，商务印书馆1964年版，第ⅲ页。

大，多元文化冲突等，一代人的价值观和人生观更多的不是来自于传统社会、学校或家庭，而是通过互联网和同代人之间的交流，实现的价值多元化。在这个急速发展的社会环境下，互联网一代需要以更加主动的方式认识社会，寻找发展空间。于是，蚁族们发出了"可以没有室内卫生间，但不能没有网络"的宣言。

在访谈中发现，对互联网的信任程度，是和开始接触网络的年龄有关的，越早开始使用网络的，对互联网的信任度越高。因为在他们看来，这并不是一个虚幻的世界，而是和现实生活紧密相连的，甚至常常比在现实中更能找到归属感。

当互联网所覆盖的人群比较少的时候，虚拟空间和真实世界确实是分离的，因为我们在网上交往的人和在现实生活中遇到的人是不一样的，这两个世界重合的部分很少。但是随着网民数的急速增加，尤其是在互联网一代中，他们在网上和生活中的朋友有了很大程度上的重合。于是互联网不再是一个独立于现实生活之外的虚拟空间，而是现实生活的补充。

三、互联网对关系提出了新规范

不一样的时代造就了不同的人生态度，网络一代因为互动性的数字媒体而产生了一种崭新的文化。有多个特征把互联网一代同他们的父辈区分开来："崇尚自由和选择权，追求个性化，喜欢交谈，讨厌说教，天生就善于协作，会仔细监督组织，速度是生活的常态，创新是生活的一部分。"[①] 与成长环境和文化背景相关联，一代人会形成共同遵守的交往规范。

每一代人都会在经历了一系列独特的事件后找到自己在历史中的位置，形成自己的观点，并且用一系列的琐事构筑起鲜明的时代特色，比如2010年，最早的80后进入而立之年，网络上流

---

① 唐·泰普斯科特，云帆译：《数字化成长》（3.0 版），中国人民大学出版社2009 年版，第8 页。

传了很多怀旧的视频，讲起儿时的偶像，儿时听过的歌、成长中社会发生的大事件、包括学生时代的服装等，这些共同构成了一代人的记忆。但是对于这个群体来说，最本质和共同的记忆应该是科技改变了生活。在成长的过程中，人们接触到了电脑、互联网，连游戏机都换了几代，还有人专门将游戏机的发展历程拍成了视频，一起追忆。对于很多人来说，追忆的不是科技产品升级的过程，而是娱乐体验的变化过程，科技无声无息地融入到了互联网一代的生活中，于是，当问一个年轻人，你觉得网络世界和真实世界的关系是怎么样的，他们大多非常惊讶，根本没想过这个问题，网络世界和真实世界一起构成了他们的世界，并没有明确区分，对于互联网一代来说，虚拟世界早已是生活的一部分了。这样的经历对于一代人世界观的形成产生了重大的影响。

　　互联网是一个平等的平台。传统媒体等级森严，有一个自上而下的、垂直的组织系统，反映出的是其所有者的价值观，而互联网媒体中，每个人只要愿意都是一个传播者，这种水平的传播方式，使得年轻人拥有了自我表达的主动权。有了互联网，现代人不用再固守于等级森严的组织，也不再是冷冰冰机器上的一个小螺丝钉，每个人都可以找到适合自己的表达方式，掌控自己的生活。达纳·波依德（Danah Boyd）在对社交网络的使用进行了深入的考察后认为，年轻人在网上消磨时光与他们要求偿还私人空间的心声是有关的。大人控制了家里、学校和大部分的活动空间，年轻人被要求去哪里、做什么和如何做。他们在家里缺少自主的权利，许多年轻人不把家当作他们的私人空间。新的私人空间在网上出现得越来越多，在那里年轻人和同辈们一起聚集在网络中，共同创造属于他们的共享空间。①

　　互联网带来了另一套生存哲学——一个民选的社会。虽然在

---

① 唐·泰普斯科特、安东尼·D. 威廉姆斯著，何帆、林季红译：《维基经济学》，中国青年出版社 2007 年版，第 61 页。

互联网上，也难以做到人人平等，但和现实社会比起来，它天然有一套更平等的规则和价值体系。最受关注的博客、帖子，是网友们"顶"出来的，虽然也有策划和网络水军的参与，但整体来说，体现了民选的性质。因此，在网络世界中，受关注的人，必须熟悉和适应这种价值体系。

互联网提供了更多自由的选择。通过网络，年轻人可以和自己喜欢的人聊天，查阅自己喜欢的资料，把自己塑造成理想中的样子，逃离家长和老师的管束，在互联网的世界里，每个人都有机会去探索世界，认识陌生人，抒发自己对事物的看法。人们尝试着以更加自由的、个性的、讲究速度的方式生活。信息的丰富也会使公正和透明成为一种趋势，因为监督将不再像从前那么困难。比如，在网上买东西，互联网一代常常会先查感兴趣的东西的信息，看博客、论坛和点评，在网上对比产品信息，然后买性价比最高的产品，对于一个经常使用互联网的人，理性的选择已经融入了生活。

大多数人在网上展示的形象，都是他们理想化的自我形象，这是网络高于生活的部分。例如，很多人在个人空间里转引的对于人生的思考，对于情感的态度都超越了他们的现实生活，呈现出更好的一面给别人看。这导致了两种后果：一种认为网络是具有欺骗性的，另一种也会树立一种超越现实生活的更加健康的人生观。比如，对于环保的关注，对于弱势群体的关心，对于社会不公正现象的声讨，都在网上受到了赞誉，对现实生活中的类似行为也有鼓励的作用。

中国的互联网一代也喜欢协作，但表现上和世界范围内的同代人有一定的差别。互联网一代会对社会上不公平的事进行声讨，在很多新闻事件中，大家关注弱者，用自己的力量促进社会的进步，在观点多样化的今天，力求表达自我和自己所处群体的见解。尤其是对于网上购物，大多数买家都会认真发表自己对于产品和店家的看法，为后来者提供参考。但对于知识性和更广泛意义上的协作，则还参与得不够，有时候，中国人特有的"心中有数，口中不说"的行为原则，影响了观念上的分享和协作。人们总是会担心，"我是不是说错了，是不是很不合时宜"。这也在一定程度上解释了为何维基百科的英文词条，无论数量和质量都比中文词条更好。

每一代人都会为社会的发展带来新的特点，对于互联网一代，他们带给我们社会的是创新性、多样性和很强的社会联系性等特点，同时也带来了对不一样事物的包容性。当一项技术变得普通，进而普遍，在一个社会中被视而不见的时候，真正的变革才得以发生。在这场变革中，个人和群体的能力增长是史无前例的。人人都是内容的生产者，人人都是内容的消费者。当每个年轻人从互联网开始认识自己的人生时，这本身就为他们开启了一种有别于父辈的生存方式。

在技术和社会的影响下，互联网一代形成了一套群体内共同遵守的行为规范，他们受到传统伦理的影响会越来越少，但也没有完全遵从与商业社会所匹配的契约化的人际关系规范，而是基于共同的价值观，在平等、共享、协作的基础上形成了人际关系的多样化规范。

同时，"数字世界全球化的特质将会逐渐腐蚀过去的边界[①]"，模糊地区与地区、国与国的界限，使得不同地区的同一代人之间的差异缩小了，就像《纽约时报》专栏作家托马斯·弗里德曼说的：技术的壁垒在塌陷，世界变"平"了，全球化沟通从来没有这么容易过。[②] 于是，随着互联网的兴起，年轻人身上独特的地方性特征日渐转淡，一代人的态度、行为和标准会变得更加相似。

[①] 尼古拉·尼葛洛庞帝著，胡泳、范海燕译：《数字化生存》，海南出版社1997年版，第279页。

[②] 托马斯·弗里德曼著，何帆等译：《世界是平的》，湖南科学技术出版社2006年版。

　　由于互联网的技术特点契合了当代中国构建新型人际关系的需要，其在中国获得了更加广泛的认可，虽然这只是众多因素中的一个。世界范围内的调查数据也显示出，中国年轻人对于互联网的依赖，在一项关于"你情愿没有电视机还是互联网?"的调查中，中国的 N 世代①中有更高比例的人选择了可以没有电视。

---

　　①　在该项调查中，N 世代指的是 1977 年 1 月～1997 年 12 月出生的人，与本研究的样本在年龄结构上，大体上是重合的。

第二章

互联网使用方式中的
关系诉求

互联网技术的出现和广泛应用，使媒体的作用发生了深刻的改变，从享有信息传播特权的机构转变成一个多种信息传播方式并存的生态系统，数量巨大的各种正式的、非正式的集体和个人，杂处在这个系统中。系统将人群划分成一个个小小的区隔，互联网一代在这些小小的区隔中，寻找自己的位置，结成了各种不同的关系。

在第一章中，论文从宏观层面讨论了中国传统文化中的关系，关系的延续与转变，以及互联网技术对于新型人际关系的影响。本章将从微观应用的层面讨论在几种常用的互联网使用方式中，人们结成了怎样的关系，这些关系满足了他们什么样的需要，在关系中是如何相互影响的。

本章的内容主要来自深度访谈和小组讨论中获得的素材，对六种应用的选取是结合三方面因素考虑的：根据互联网调查机构对于使用方式的调查；在访谈中，访谈对象自我描述时涉及比较多的六种应用；应用中比较明显地体现出了使用者之间的人际关系①。

---

① 虽然搜索引擎和B2C的商务应用等使用方式影响很大，但其中体现的主要不是人际关系，所以没有纳入本研究中。

从结构上看，本章的六个小节是平行的结构，每一节以具有代表性的访谈对象的使用经历开头，并不是说这个使用者的经历代表了全部，而只是一种有代表性的形象化描述，然后介绍这种应用的特色，使用者大概的群体特征，使用目的，在使用过程中，形成的关系和产生的影响。从顺序上看，以下六种使用方式中群体的关系，由紧密到疏松，相互影响由大到小。

第一节　社交网络——现实关系的维护与拓展

张勇①是一个在校的大三学生，每天上完课后，第一件事就是登录微信和 QQ，然后一边做事，一边查看朋友的近况，并发表一些个人的意见。这个过程经常会有一些意想不到的收获。

"哪个老师上课讲得好""学校周边新开了什么好吃的小店""一本指定的参考书在哪里可以弄到""哪个夏令营对保送研究生更有帮助"……朋友之间的聊天内容五花八门，但比搜索引擎更加贴心，比如说朋友会告诉你"现在去电脑城走哪条路更方便，因为另一条路虽然近却正在修路。"也会比分类广告更加可信，他们没有商业目的，会依据自己的经验给你建议。虽然每个人在喜欢的东西上会有差异，但总体上，相似的人群看法都差不多。

他还挺喜欢旅行，用相机记下每一个走过的地方，然后发到网上，和朋友们分享，大家在相片后打趣一番，常常妙语如珠，还会有很多朋友的朋友，通过交友网站相互认识，分享彼此的感受。

---

① 张勇，20 岁，学生，访谈时间：2017 - 12 - 09。

　　"除了分享感受、愉悦心情之外，社交网站能不能带来一些现实的好处？"对于这个问题，张勇认为，"现在还在学生时代，没想过那么多，但现实的益处肯定也是有的，毕竟多认识些志同道合的人，建立了友谊，就拓宽了今后发展的路子。"

　　社交网络，源自英文 SNS（Social Network Service），中文直译为社会性网络服务或社会化网络服务，是以帮助人们建立社会性网络为目的的互联网应用服务。

　　国内有代表性的社交网站包括"人人网""开心网""豆瓣网""世纪佳缘"等。"人人网"的使用者多是在校的大学生，强调的是彼此之间的交流；"开心网"则主要吸引了都市白领，交流之余注重娱乐功能，他们的共同性在于，都是以实名登录的，使用真实的信息才可能找到朋友或熟人。与"人人网"和"开心网"相比，"豆瓣网"和"世纪佳缘"体现出比较强的本土特色，"豆瓣"是由有着不同兴趣爱好的人组成的大家庭，人们常常在各种兴趣小组中交流读书、听音乐、看电影的感受，或是那种非常小众化的爱好；"世纪佳缘"定位于"大型严肃婚恋交友平台"，为寻找伴侣者提供认识和交流的机会。

　　中国本土的社交网站，以其强大的扩张能力，在几年的时间里，就吸引了众多用户，而在世界范围内，Facebook 更是发展迅速，它凭借着 6 亿注册用户成为继中国、印度之后，人口第三多的"国度"，这也正应和了其创始人扎克伯格当初的梦想，要建立一个自己的王国。地球上每 12 个人之中就有一个人在 Facebook 上拥有账号。这些用户来自世界各地，说 75 种不同的语言，每个月总共在上面逗留超过 7000 亿分钟。而且，每天还约有 100 万新用户注册。这意味着，扎克伯格将世界上十二分之一的人口成功地凝聚在了一个网络之中，这一切足以证明社交网站的魔力。

在社交网络这个看似虚拟的世界中，"王国"掌握了"国民"更多的个人信息，从人口统计资料，到个人关系网，再到每个人的喜好和心情变化，这不是仅仅通过人口普查就能获得的，但却是传播和营销最重要的基础，可以说，社交网站比一个真正的政府更了解身处其中的每个人。为什么一个十九岁的在校大学生在宿舍中创办的网站，会取得如此的成功？也许正像扎克伯格解释的那样：想要在这个世纪里成功，我们要有更多的人脉，要了解别人是怎么想的，或者大而化之地说，要明白我们彼此间都有联系。

由于定位不同、服务的人群各异，不同社交网站在细节的设计上，会体现出相应的差别，对于是否需要实名登录，也会有不同的要求。比如说"人人网"和"开心网"，可以看作是现实生活在网络上的复制，因此只有使用真实的姓名和资料，才有可能找到朋友或是被朋友找到，这就要求实名注册；对于"世纪佳缘"来说，交往的最终目的是为了能够进入婚姻的殿堂，所以填写真实的材料对关系的进一步发展也非常重要，虽然事实上，人们常常会美化自己的信息；"豆瓣网"是以兴趣爱好联系起不同的人，因此展现自己的品位、分享不同的看法，似乎比真实姓名更为重要。

从这些应用中可以看出，虽然社交网络是一种建立在互联网上的关系，但由于和现实生活联系比较紧密，很多人都把它看作是现实生活的补充。在这些平台上，你可以做真实的自己，和亲密的朋友或是朋友的朋友聊天。可以向他们展示你的照片、分享一些有意思的文章，和你的新计划，做很多朋友之间可以做的事。也可以建立群组，屏蔽那些你不认识的，或不想包括进这个小圈子中的人。社交网站呈现出的世界和现实世界相互影响，但又独立于现实世界之外，经常给人带来意想不到的惊喜。

Web 2.0 时代的社交网站是怎么影响我们生活的？对于这样一个问题的回答，会让人不由得想起英国作家弗吉尼亚·伍尔芙对于她所处时代的描述：在 1910 年 12 月左右，人性发生了改变。因为技术的变化推动了社会的变迁，主人和仆人、丈夫和妻子、父亲和子女之间的关系出现了根本性转变。伍尔芙认为，这种改变将给人们生活中的每一个环节带来变化，从信仰到政治，再到人类行为。

时间仅仅过了不到一个世纪，人类又经历了一次重大转变，这是技术的变化带来的沟通方式上的转变，涉及人们生活中的很多细节。当地域的限制被打破，历史的传承被割裂，一代人彼此之间找到了更多的共同性，而不是像之前的人类那样，受到更多的文化传承的影响。很多时候，通过无处不在的互联网，人们真的应了那句广告词"身未动，心已远"。随之而来的是对自我身份的重新思考：我想成为什么样的人，我想展现出什么样的自我，我想和什么样的人以何种方式相处？

社交网站上的活跃用户，以年轻人为主，他们有比较多的闲暇时间，对于友谊有渴望也有憧憬，希望维持和扩大交友的圈子并寻找志同道合的人。"我走过什么地方，经历了什么有趣的事，总是想和朋友一起分享，但方式不是像以前的人那样，约他们到家里来聊聊天，看看相册，而是把写过的文章和拍好的照片传到网上，如果朋友感兴趣就会在下面留言，交流一下看法，常常是很多人七嘴八舌地谈起来，那种感觉更轻松自在。"①

通过访谈，可以将互联网一代使用社交网站的目的归纳为以下几个方面：和朋友保持紧密的联系；认识朋友的朋友，扩大自己的社交圈；展示自我，寻找认同感。维持和促进与朋友的关系显然是中国人使用社交网站最重要的原因。

而在美国，有研究者认为，"上社交网站对于今天的年轻人来说是在找回隐私。在虚拟空间里，塑造自己的身份，管理自己的网络。朋友通过给彼此留言得到了更多的反馈，增进了感情"。②

---

① 孟洁，28岁，记者，访谈时间：2016 – 11 – 15。
② 唐·特普斯科特著，云帆译：《数字化成长》（3.0），中国人民大学出版社2009版，第168页。

在分析了社交网站使用者的特点，他们从中获得了怎样的满足后，可以看到建立和维持关系其应用的重要目的。社交网站中形成的关系具有什么样的特点呢？从关系的紧密程度看，以自我为圆心，亲密朋友是紧紧围绕圆心的第一圈，可以看到和分享更多的信息，外围是朋友的朋友，可以看到或分享部分信息。在这种圈层结构中，随着紧密程度依次递减，相互影响的程度也是依次递减的。从关系的内涵看，社交网站中的关系主要是以情感为核心，寻求不同层次的情感满足。当然，在长期的情感维持中，也必然会带来现实中的互助。在社交网站构筑的关系结构中，人的权力会依据他在现实生活中交友的广度和深度而有所不同，那些处在关系结点中的人，也就是和很多不同的人，形成紧密联系的人，拥有更多的权力。

社交网络是人们在没有权威指导下自发形成的组织，组织结构更具有内在的张力。通过社交网络，很多小群体迅速产生，并对既有的组织产生影响。另一方面，社交网络将互联网公开、透明、平等和民主的特性向前推得更远，天然扮演了公共平台和广场的角色，将一个个单独的个体联系起来，让他们为了一个目标短暂或者长期地聚集在一起，先是在社交网络上，接下来可能是在现实之中。

第二节　即时通讯——随时随地保持联系

王远航[①]初中毕业后，觉得升学没什么希望，就离开乡村到城市去打工，刚进城，对一切都很陌生，带着好奇心打量着这个世界。但打工的日子是枯燥辛苦的，除了工厂外，很少接触到外面的世界。

---

① 王远航，22岁，工人，访谈时间：2016 - 02 - 06。

一个偶然的机会，他接触到了网络，并很快地迷上了。刚开始，就是漫无目的地浏览各种消息，看看电影。后来申请了 QQ 号，在网上和一些认识不认识的人聊天。时时挂在网上，等待着朋友或是一个陌生人带来的惊喜，有些聊天聊得愉快的，就相约见一下面，但他觉得见面的结果常常令人失望。

随着年龄的增长和阅历的增加，他对于和陌生人的聊天越来越审慎，也逐渐缺少了兴趣。QQ 不再成为认识陌生人的工具，而是变成了和熟人沟通并展示自己的平台，通过 QQ 空间，发一些照片，转一些帖子，或是通过签名对好友中的某个人，说一些面对面时想说却又说不出来的话。

"把想法用文字和照片表达出来，传到网上，就像飘进了大海，带着一份期待，不知道接下来会发生什么，即使什么都没发生，闪动的头像也会让人惊喜。"

由于打工的收入并不高，他没有买电脑，现在手机也可以上网了，他每天有更多的时间挂在上面，"但聊天的时候反而比以前少了，只是一种通讯工具，让朋友想找我的时候能够找到。"

即时通讯（Instant Messenger，IM）是一种能够即时发送和接收消息的互联网服务，面世以来发展迅速，功能也日趋丰富，不再是单纯的聊天工具，集合了电子邮件、博客、游戏、搜索等多种功能。即时通讯的最大特点是提供了使用者的状态信息——显示了好友的状态，是否在线或者是否可以进行交谈。

对于很多人来说，上网时逗留时间最长的大概就是即时通讯平台了，很多人开机就打开自己的 QQ 或 MSN，正是这种需要和使用行为，才使得"腾讯"在短短十几年的时间里，创造了惊人的财富。即时通讯的应用具有低门槛、高人气的特征，先发优势明显，"腾讯"在中国市场中依然保持着绝对的优势。

　　为什么会使用即时通讯软件，大多数人的回答是，随时随地与人保持联系，做销售工作的，主要是为了和客户保持联系，牵挂朋友的，可以在不经意间发现身在异地的好友，分享有趣的小故事、一首歌或是现在的心情。但更有趣的是观察不同人的 QQ 签名和空间，那里呈现出的是一个人的心路历程和对自己形象的构建，甚至对很多人来说，生活中的自己还没有网上那个小小空间里展示的自己真实。

　　对于互联网一代来说，虽然邮件仍是一种正式的交流方式，但等待邮件的过程太痛苦了，他们更喜欢即时通讯的快捷便利，"我们都在线上，马上就可以对彼此的要求做出回应，传东西也特别方便。老一代的办公节奏太慢了，把人的能量都吸走了，我希望以一种更有效率的方式工作和生活。"①

　　通过即时通讯平台建立起的关系，主要还是真实世界的反映，好友、家人、同学占主体。在平台上，每个人是一个独立的个体，彼此之间的关系并不紧密，也没有明显的层次区分，但却可以经常保持联系。关系的内涵是情感，目的主要还是保持沟通和增加感情。即时通讯的关系结构比较简单，拥有数量更多朋友的人，有更大的影响力，是规模而不是层次在其中发挥重要作用。

　　即时通讯最大的优势在于黏合性非常好，人们常常会花很多的时间使用，因此，为推广其他相关产品和服务提供了便利；其另一个优点是进入的门槛低，每个人都可以拥有一个或多个账号，随着平台上用户的增加，会吸引更多的人进入，一旦规模形成，则优势容易保持，毕竟朋友都在这里，想离开是很难的。

　　即时通讯平台有一种延伸的应用，就是群，它的目的是为用

---

　　①　陈静，25 岁，公司文员，访谈时间：2013 – 11 – 23。

户中拥有共性的小群体建立一个独立的即时通讯平台，这个小群体是为了某种目的聚集在一起的人。群的种类很多，如同学群、老乡群、旅游群等等。

群是由拥有某个即时通讯账号的用户在达到一定条件后创建的，加入者需要申请，得到管理员批准过后方可入群。由于即时通讯的账号和群的账号是统一的，所以两种应用可以互相促进。

群是一个非常实用的信息发布平台，也是一个有效的同类人群聚集平台，现实的目的性是建立关系的基础。例如，小涵[1]有一个四岁的女儿，以前幼儿园有什么通知，都要一个个打电话，或者在孩子放学回家的时候，给她们每人一张小纸条，把通知写在上面，遇到某个小孩子请假了，通知她的家长就成了一件比较麻烦的事，后来，老师在 QQ 上为本班孩子的家长建了一个群，把通知发布在群上，小涵每天晚上都会登陆去看看，给女儿准备一下明天要带的东西，同时和其他家长聊聊，因为所处的人生阶段相同，生活经历也比较相似，她和其中的很多人都成了朋友。

事实上，很多实践都证明了，如果一个群体能够因为某种原因结成，并维持一段时间，那常常可以维持得更久，并且话题的扩展远远超过群体创建的理由。

群中人的关系和即时通讯平台上有所不同，人们是因为一种同质性的原因结合在一起的，情感并不是关系中最重要的内涵，内容才是。在关系结构中，经常发布消息的人拥有更大的影响力，他们也常常是这个群的核心。群中人们结成的关系，既有可能是紧密的，也可能是松散的，这由建立群的目的决定。也正是因为有共同目的的人通过这样的方式聚合在了一起，所以更容易建立起有效的商业模式。

---

① 刘雨涵，34 岁，公务员，访谈时间：2017 - 05 - 30。

第三节　博客（微博）——另一种 形式的主从关系

何毅①近来上网最喜欢的事是看博客，他读书时学的是经济学相关的专业，工作后，从事的是国有资产管理的工作，所以关注的重点是一些经济学家的个人博客，"其中有很多见解，会带有强烈的个性化色彩，也似乎更加真实，在教科书和大众媒体中，人们发表观点会有更多禁忌，认为一定要讲正确的东西，所以限制了一些新锐观点的表达。"

最初加关注的都是知名专家的博客，他们在现实世界中的声望，使得人们产生了预期，那就是和普通人相比，他们可能带给人更多的启发和帮助，然后，会关注这些名人关注的人，扩大自己的关注范围。经过一段时间的观察，有些人的观点确实会给自己带来启发，何毅就通过一些途径订制了他们的博客，这样，就不用每天都去寻找了。当然，最初的关注对象，都集中在他所熟悉的专业领域，然后会慢慢地向兴趣方向扩展。

何毅喜欢篮球，会关注一些篮球的评论，慢慢地自己也会把看球的感受写下来，有相同爱好的人看到了，觉得挺有意思，就关注起他的动态。

一段时间下来，写博客占用了他大量的时间，因为博客的内容一般都比较长，讲究个有理有据，而他很多时候只是想表达一下简单的心情和观点，他开始更多的使用微博，这种140个字的小体量，让他感到轻松很多。

"我在博客或微博中想看到的是个性化的观点和表达。

---

① 何毅，33岁，管理人员，访谈时间：2015 – 10 – 11。

显然，博客中的名人效应是很明显的，普通人在其中，除非成为了什么重要事件的当事人，否则很难受到广泛的关注。"

博客（Weblog）又称网络日志，是一种通常由个人管理、不定期张贴文章的网站。博客上的文章通常根据上传的时间，从新到旧排列。有些博客针对某一领域提供评论或新闻，比如说一些经济学家的博客，或是社会学家的博客，更多的则是个人的感想和经历。通常，博客包括文字、图像、链接等，博客作者能够和读者产生互动，对于阅读者的质疑或评论，可以做出公开的回应。

近年来，博客越来越流行，很多人对于所谓的权威声音，已经失去了关注的兴趣，他们更希望知道，在这个社会上，其他如自己一般的普通人是怎么看待一件事的。人们抱着这样的念头进入博客，但很快就发现，博客中的名人效应是非常强的，因为在信息不对称的情况下，人们在现实世界中累计的声望，会在博客中凸显出来。博客可以是个人的，也可以由一个小圈子中的人或是一个组织共同完成，与大众媒体的权威与疏离相比，拥有了更为生动的表达和柔软的感情，而且像生态系统一样运行的博客世界，由于进入门槛较低，允许了失败的存在，也允许了人们表达那些小众化的心思，其内容可以包罗万象，在内容的丰富性、情感的接近性以及互动等方面，是大众媒体难以企及的。

如果不是有了互联网和博客这样一种传播方式，很难想象像木子美这样挑战传统价值观的"异类"，可以发出自己的声音。在博客这样一个可以自由表达的世界里，虽然仍有不绝于耳的谩骂，但无论是认同还是诋毁，都是关注，让她能把自己呈现于众人面前。"21 世纪的最初 10 年的中国，木子美作为一枚标签，基于两大原因被人们记住：第一，从世界观上，她挑明了人性解放和观念变革的潮流；第二，从方法论上，她赶上了网络传播和个人博客的潮流。这两大潮流也许是 10 年中最重要的潮流，木

子美因此被快速符号化，成为你眼中拔不去的一枚钉子。"① 而
她个人所引发的广泛争论，也导致了 2004 年，中国人开始认识
到博客的价值。

从某种程度上来说，博客为现代人建立起"观点的自由市
场"。影响力的大小不再取决于你是否拥有更高规格的表达渠道，
比如传统媒体时代，那些可以在报刊、杂志、电视等大众媒体上
发言的人，无论他们讲的内容，是否具有说服力，天然具有了某
种权威。而在博客的世界中，影响力的建立，依靠的是人的表达
能力和知识结构，这对人和社会都提出了新的挑战。

博客本身是对话性的，不仅是因为博客的作者和读者可以对
话，会产生观点的碰撞和修正，更是因为选择本身已经表明了一
种态度。从长期的过程来看，观念本身会形成"良驱逐劣"的
格局，被广泛关注的人的观点，常常代表了一种被接受和被认
同。此外，博客还为持相同观点的人提供小群体交流的平台，持
类似观点的人，在现实生活中，也会有大概相近的背景和认知层
次，因此，很容易形成一个稳定的圈子。只是，由于表达能力和
个人素质的不同，人们在小群体中的地位并不是平等的。

博客的活跃用户和论坛一样，是有一定知识和阅历，喜欢观
察和思考的人，但与论坛不同的是，在博客中，声望起到了重要
的作用，每个人、每个组织是以独立的形态存在的，人们对它的
关注和追随，也必然从声望开始，并持续受到声望的影响。

所以在博客形成的关系结构中，人们之间的关系是一种主从
结构，少数人占据了关系的核心，对他人产生重要的影响。这些
处于核心地位的人，主要是某一领域的专家，或者是掌握了信息
发布权的人。关系的内涵是内容，也会受到情感的影响，人们之
间的联系程度既不疏松也不紧密，会产生一定程度的相互影响，

---

① 《木子美：脱下衣服和这个世界谈谈》，载于《南方人物周刊》2011 年 2 月
19 日。

当然，处于中心位置的人，对他人的影响也会比较大。

很多人认为，博客是网络影响经济最重要的一种方式，它每时每刻都在捕捉人们的想法和感觉，呈现世界的变动。因此，很多企业会建立自己的博客，让有兴趣的人在里面交流讨论，不仅可以得到关于公司产品的评价，还聚集了潜在的顾客，培养了忠诚度。对于那些靠口碑生存的产品更是如此，以电影为例，传统上来说，电影评论家的意见，先入为主地进入公众视野，成为人们决定是否去看一部电影的重要影响因素。但近年来，越来越多的草根影评人进入了公众视野，可能其影响范围没有专业影评人那么大，但在小范围内，影响确实是非常深刻的。博客的作者如果推荐或贬低一部电影，会对他的关注者产生影响。

在博客的分类中，有一种微型博客，即微博（MicroBlog），近年来受到热捧，微博体量小、更新快，可以实现即时分享；同时门槛更低，任何人都可以参与，不受知识层次的影响；手机也可以发微博，又使得它可以突破时空的限制。

在围绕微博建立的关系结构中，人和人之间的联系更加紧密自在，相互影响更大。关系的内涵也从内容过渡到了情感，很多人并不关注朋友写了什么，而是关注他处于什么状态。文体明星而不是某一领域的专家，在微博中拥有更多的关注者，似乎他们的动态比内容更重要。这或许是因为，"只要交往发生，交往者都在有意无意地发送两种讯息，一种是实在的、可以感知的内容讯息，一种是'关系的讯息'。关系的讯息通常没有显在的形态，是一种暗示或环顾左右而言他，需要由接受者来揣摩。传播的内容通常会受到关系的支配。"①

微博在新闻事件报道中的作用也很大，当事人可以通过微博随时更新事件的进展情况，关注者也可以一直跟随，自己来加工、判断和推动新闻事件的发展。"沉默的大多数"在微博上找

---

① 陈力丹：《试论人际关系与人际传播》，载于《国际新闻界》2005年第3期。

到了展示自己的舞台。近年来，社交类应用作为媒体的重要性越来越突显。网民利用微博等社会化媒体进行维权的意识明显增强，普通民众成为新闻事件传播和推动的主力。

第四节　论坛——拥有共同观点的人的家园

辛欣[1]有房有车又有稳定的工作，但结婚后的生活并不像童话故事中所写的那样，公主和王子从此过上了幸福的生活，反而是摩擦不断，于是，对于自我和婚姻，她有了一些基于现实的思考和领悟。

她把自己生活中那些鸡毛蒜皮的琐事发在当地的城市论坛上，没想到很快就有很多跟帖和讨论，有人质疑她、有人帮她出主意，也有些分享自己的经历。在聊天中，辛欣发现，关注她的帖子的人和她有着大体相同的背景和经历：都是女性、刚进入婚姻生活没几年，都受过比较好的教育，对婚姻和生活中的种种事情，有抱怨、不解和有无奈。

论坛里人们之所以能够畅所欲言，是因为大家都需要倾诉，寻找人生的方向和解决问题的方法，想听听别人的意见。"网络是虚拟的，所以可以把想说的话毫无顾忌地说出来，哪怕是幸灾乐祸，这反而成了真实情感的汇聚场，长期下来，就形成了一个精神家园。"

当然，除了情感倾诉外，论坛里也会有很多实用的信息，比如，辛欣一直对理财有非常浓厚的兴趣，所以她会关注对股市和宏观经济的分析。如果要买什么东西或是处理一些生活中的事，她也会在论坛中听听别人的看法。

---

[1]　辛欣，32岁，管理人员，访谈时间：2014-10-21。

论坛又称电子公告板或 BBS，英文全称是 Bulletin Board System（电子公告板），是互联网上一种电子信息服务系统，它提供一块电子公告白板，每个用户都可以在上面书写，发布信息或提出看法。

在互联网上有非常多的基于各种原因建立起来的论坛，既有像"天涯""猫扑"这样综合类论坛，也有像"篱笆""小鱼"这样的城市论坛，还有专题类论坛，如体育论坛、美容论坛、以职业建立起来的论坛……人们参与其中只需要一个登陆名，并不需要提供真实的信息注册，如果只是进入浏览，而不想发言，甚至连登录名也不需要。正因为如此，论坛中的言论会更加大胆、直白。某一论坛上的活跃使用者常常是比较固定的：无论是经常发帖的人，还是经常阅读和跟帖的人，他们在精神上形成一种依赖关系。

综合类论坛上的活跃使用者，通常会有一定的社会阅历或者知识储备，因为单凭内容吸引他人关注并不是件容易的事；同时，闲暇时间比较多，喜欢观察、思考和表达。发帖是非常讲究传播技巧的，总结下来，在综合类论坛上容易受到关注的帖子有以下几种：

同命相连型。个人的经历或情感体验，比较容易引起有着相似经历和情感体验的人的关注，比如，关于 80 后婚姻问题的帖子，比较容易吸引同为 80 后，在婚姻的漩涡中打转的同龄人；在城市生活多年回到农村老家时的所见所感，也会吸引一大批人，因为城市化进程中，有大量的从乡村到城市的移民，那种感受能够引起共鸣；而涉及各种情感问题的帖子，任何时候都是一个好的题材，有这种困扰的人不在少数。这种类型的帖子容易引起一时的关注，却比较难持续。从叙述方式来看，无论这些经历是虚构的还是真实的，都需要有极强的故事性或延展性，不断地有下文接上去，否则很难长期吸引回帖者和关注者。

幸灾乐祸型。"幸福的家庭都一样，不幸的家庭各不同。"

这句俗语很好地解释了为什么在大多的网络论坛上，诉苦和抱怨的居多，晒幸福的比较少，即使个人真的是阳光幸福，这种经历也不会引起广泛的关注和讨论。就像一个受访者说的："我每天的生活已经够痛苦的，我不想看到别人那么幸福，那会让我更加难过。"① 于是，很多人在论坛上泡着，不过是想看看"谁比我更惨"。这种心理倾向在很多叙述不幸经历的帖子的跟帖中都可以发现。例如，"我本来觉得自己够惨的了，看到你的经历，我觉得自己的生活还可以。"幸灾乐祸是人的本性，根本与道德无关，只是在现实生活中，幸灾乐祸常常会遭到谴责，人们就把这一面隐藏起来了，互联网给了人不需要掩饰的空间。

好为人师型。这种类型的发帖者主要是男性，比较有社会阅历，并取得了一定的成绩，自认为是生活的强者。"平心而论，如果克服了情绪上的障碍，认真地读下去，这种帖子或回帖常常会给人带来帮助。"② 但互联网一代大多从小就讨厌说教，不想在这种本应是平行开放的话语体系中，被评价和指导，所以关注归关注，抵触情绪也比较明显。

民间高手型。每个论坛中都盘踞着一些民间高手，他们对某些问题长时间关注，也有一定的心得，确实能够给人以指导，但缺乏大众传播的渠道，所以论坛成为他们备受追捧的舞台。民间高手常常会对宏观经济、股市、国际关系、历史等方面的问题发表自己的研究心得，因为发帖的行为是非功利性的，看似不代表任何利益组织和机构，所以往往被接受的程度更高，会有一批持续的追随者和关注者。

从上述分析中可以看出，综合类论坛包含的信息丰富，能够吸引大量的用户，但难以做到精细。满足的是人们猎奇的需要，获得信息和帮助的需要，倾诉的需要，以及寻求心理和情感认同

---

① 张怡，29 岁，公司文员，访谈时间：2010－05－07。
② 尤佳，25 岁，建筑设计，访谈时间：2016－06－21。

的需要。

互联网一代是自信的一代，与前辈相比，他们更加看重自己的观点表达，和是否被认同。互联网为他们提供可以充分质疑、挑战、表达不同观点，并且在更广泛的范围内寻求认同的可能。年轻一代与老一辈不同，知识的来源不仅来自于生活中能够接触到的老师、家长，以及有限的书籍，更来自于无限广阔的世界。因此，他们不太接受表面的价值观，也不会轻易接受老师和家长试图灌输给他们的观点。

随着年龄的不断增长，每个人都有很多对于生活的体验和对于世界的看法，由于经历的不同，这些想法很难被上一代人所认同，但不被认同是否就是错误的呢？在论坛中，互联网一代把自己的认知和体验说出来，大家进行讨论，这个"并喻"的过程构成了超越现实生活的新的人生体验，渐渐的就形成了一个个半固定的精神家园。

分析综合性论坛中的关系，可以发现它是相对松散的，人和人之间的影响力并不是平均分配的，对于那些更有知识，更有阅历和更善于表达的人来说，他们在论坛中拥有更大的影响力和权力，而且这种影响力还会逐步累积；从关系的内涵来看，主要是以内容为纽带将不同的人联系起来，但长时间在同一个论坛上流连，也会产生一种情感上的依赖。

与综合性论坛的多元相比，专题类论坛中集中的是志同道合的人，他们或是有专门的知识，或是对一领域非常热爱，这种质的同一性有利于信息的分类和整合，越是细化的专业类论坛，越容易找到好的传播方式和建立明确的商业模式。

专题类论坛中的关系结构，受到专题细化程度的影响，越是小众化的论坛，人们之间的关系越紧密，影响程度越深，传播中使用的语言越是高语境的，非专业人士很难在其中参与对话，拥有更多专业知识的人，在这种关系中会拥有更大的权力。专题类论坛中关系的内涵依然是内容，但由于群体规模小，情感因素在其中也会起到很重要的作用。

专题类论坛中的关系，常常超越了精神的沟通，从虚拟走入现实。比如，李超①是一个花样滑冰运动的爱好者，一有空就会在花样滑冰的论坛中灌水，时间长了，里面的人就成了好朋友，有大型比赛的时候，他们会相约从全国各地赶过去看，即使把休假的时间占用完了也在所不惜。久而久之，论坛里的常客也就成了现实中的好朋友，虽然大家在不同的地方生活，但沟通的时间反而比和周围的人多。这种现象并不少见，很多针对某一明星建立起来的论坛都会经常组织集体活动，很快，她们讨论的范围就不仅仅局限在她们所追捧的偶像身上，而是涉及到生活的方方面面。

第五节　网络游戏——超越现实的新关系

赵锋②从大四开始迷上了《魔兽世界》，刚开始就是随便玩玩，渐渐地，游戏成了他生活的一部分，毕业后的九年里，工作岗位调整了，家搬了好几次，可游戏从来没间断过。

《魔兽世界》在全世界有 1000 万个注册玩家，"我和人打交道的时候，如果知道对方也在玩这款游戏，就会自然觉得亲切起来，话题也会源源不断。"在游戏里，人们创造一个虚拟角色，通过它来完成任务、打怪、提升技巧。玩家会得到更好的装备，经验值和声誉也会提升。很多人都玩了很多年的《魔兽世界》，加入某个公会，公会有会长，安排不同的工作，进行协作和分工，通过电话、短信、邮件等相约上网的时间，玩游戏的同时进行也闲聊一下。相对稳定的公

---

① 李超，29 岁，记者，访谈时间：2015 – 07 – 15。
② 赵锋，31 岁，销售经理，访谈时间：2012 – 01 – 28。

会内部成员，在现实生活中，也慢慢地成了朋友，虽然不在同一个地方，但一起相处的时间，常常比身边的人还多。

"玩游戏不仅为了娱乐，还锻炼了我的管理和协调能力，在游戏中我们要不断地下决心、做选择，公会的人员也会有一定的流动，招募什么样的新会员，会员之间要如何根据能力和性格的不同而进行分工，管理一个几十人的队伍，就像在公司中管理一个自己的团队，要考虑的事还真多呢!"因此，赵峰决定去读 MBA，充充电，也学习一下管理方面的知识。

吸引有才干和志同道合的人，然后共同完成一项项任务，是这个游戏带给他的价值观。

网络游戏之所以受到欢迎，是因为它为人们建立起了一个超越现实的虚拟世界，并在这个虚拟世界中重新构建自我。人们在现实中，可能是胆怯的、无力的、失望的，受到环境的影响，找不到自我，或是对自己的状态感到不满。网络游戏让人可以从头再来，在一个新的环境里，做你想做的那个自己。这是很多人，尤其是青少年最初迷恋上网络游戏的原因。

但如今的游戏玩家并不仅仅满足于虚拟，随着互联网技术的发展，真实化、立体重现现实生活的游戏越来越受到欢迎。人们在游戏中，不满足于一时的快乐，还要真实地过另一种人生。在这里重要的是体验，而不仅仅是获取信息，重要的是一种生活方式，而不是片刻的感觉。

游戏的另一个发展方向是电影化，为了吸引更多的玩家，游戏的情节设计越来越紧张、曲折，像一部大片，但它有着电影没有的优势——互动性，因此对电影业造成了巨大的冲击。互联网和数字效果的参与会改变我们看电影的方式、地点，也会改变电影的创作、发行、投资的方式。比如，游戏《刺客信条》以第三次十字军东征时精细的互动环境而著称——游戏开发商尽力让游戏的环境和历史相符，情节紧张刺激，很多人在玩的过程中的体验是，这款游戏真的和电影很像。

游戏还是一个社会教育的过程，全球儿童领导计划的主管巴里·约瑟夫针对高中生建立了一个名叫"用游戏代替托管"的课外项目，教孩子们制作具有社会意识的游戏，当然这个项目得到了一家知名游戏设计公司和全体员工的帮助。游戏的名字叫《海地的生活成本》，玩家可以在其中管理一个海地的贫困家庭，照顾他们的卫生、教育和就业。约瑟夫认为，这样设计游戏能提高思考和判断力，项目里的年轻人制作了游戏，还带着批判的眼光玩游戏，这让他们更理解这个世界的复杂模式。年轻一代不再是被拖着前进，而是主动地前进。兴趣和参与性可以让人更好地学习，这会成为未来的一种趋势。

网络游戏满足的是人们角色扮演的欲望，可以逃避现实世界中的很多苦恼，但虚拟和真实的差别只在一线之间，当一个人每天花费大量的时间在游戏中，而社会中又有很大比例的人参与其中，这个虚拟的世界就变得真实了。上述提及的互联网上的应用，或多或少与现实世界保持着各种联系，是以现实世界为依托的，但网络游戏则开辟了一个全新的世界，并对现实世界中的经济、社会、文化产生持续的影响，很多曾经的对于人类社会的设想，都有可能在这个全新的世界中实现。

游戏平台搭建了一个体验和销售的环境，是一个让用户愿意呆在其中的环境。以棋牌游戏为例，一个用户刚开始进入的时候，只是为了下棋，下完了就走，但时间长了以后，会在下棋的过程中结识一些比较熟悉的朋友，也会有一些配合起来特别默契的伙伴，逐渐就形成了一个圈子，形成了棋牌游戏特有的文化关系。① 游戏是一种非常具有黏合性的互联网应用，玩家不仅会

---

① 林木编著：《网事十年：影响中国互联网的一百人》，当代中国出版社 2006 年版，第 203 页。

花大量时间在玩游戏上，还会花很多时间分享心得和攻略，对于多人在线游戏的参与群体来说，还要花费很多时间进行组织内部的沟通和任务分配，因此有巨大的商业应用的空间。可以说，互联网上最能体现互动化和多媒体化的产品是游戏，游戏从技术层面、应用层面、盈利的复杂性方面远远超过了其他互联网应用。

网络游戏的玩家，涵盖了各个年龄、职业和性别，但总的来说年轻人喜欢玩刺激的游戏，年长者更喜欢益智类的游戏。熟悉互联网技术的人，更喜欢复杂的互动游戏，而技术能力比较差的，则偏爱简单的游戏。由于偏好不同，玩家从中获得了不同的满足。

在网络游戏中，人与人形成的关系结构是复杂的，即可能是短暂而疏松的，如棋牌游戏中的临时组合，也可能是比较长期而紧密的，如《魔兽世界》中的公会。在前一种关系中，人与人之间的相互影响小，纽带关系体现的比较弱，同质化程度也比较弱；在后一种关系中，人和人之间的相互影响会比较大，纽带的关系体现的比较强，同质化程度也更强。在各种游戏中，级别高的玩家都会相应地更受关注，好的管理者也会受到尊敬。

网络游戏的设计对于其中关系的形成和发展会起到重要的作用，在一个游戏世界中，最初的规则制定会直接影响到其长期的发展。

第六节　购物网站——相似的选择和偏好

宋丹[1]是一个城市白领，平时对穿着特别在意，几年前刚工作的时候，她会把大量的时间和金钱花在逛街上，尽管

---

[1]　宋丹，27岁，公司文员，访谈时间：2016 - 03 - 25。

花了很多心思，但还是时不时地发生"撞衫"这样的大悲剧。

后来，她迷上了网络购物，对她来说，白天的工作并不是很繁忙，在闲暇的时候逛逛网店，既可以打发时间，又常常会有意外的惊喜。而且，网上买的衣物饰品，不容易与周围的人相同，价钱也比商场低些，当然，网购的质量有时难以保障，遇到款式和大小不合适的，退换起来也比较麻烦。好在，经过长期的摸索，她和她周围的同事已经总结了一套切实可行的经验。

现在，对于宋丹和她的朋友圈子里的女孩来说，"不仅炫耀漂亮衣服是件高兴的事儿，聊聊买东西这个斗智斗勇的过程也很愉快。"大多数女孩子在收到货物后，都会认真地给出评价，所以她们也相信网上其他人提供的评价。

慢慢地，因为钟情于同一类风格的服饰，经常光顾一些小店，一群生活在不同城市的女孩子就会时常在网上碰面，购物之余，也开始通过其他的渠道聊聊天，交流一下对时尚的看法。

在怀孕和生孩子这种特殊的时期，因为无法逛街，网购更是为她提供了极大的便利，各种货物从全国各地飞来，"刷卡付钱让人感觉不到真实的付出，但拿到货物却感觉到了实实在在的收获，于是，网购让人买了更多的东西。"

网上购物主要是通过互联网检索商品信息，并通过电子订单发出购物请求，厂商通过邮局或快递公司送货上门。付款方式一般是在线汇款、担保交易、货到付款等。根据艾瑞咨询最新统计数据，2017 年中国网络购物市场交易规模预计达 6.1 万亿元，较上年增长 29.6%，移动网购已成为最主流的网购方式。艾瑞分析认为，智能手机和无线网络的普及、移动端碎片化的特点及更加符合消费场景化的特性，使用户不断向移动端转移。在中国零售市场线上线下加速融合的大趋势下，消费场景日益多元和分散，逐步构建起全渠道零售网络。移动端作为连接线上、线下消费场景的核心途径，得以进一步渗透发展。[①]

网络购物主要有 C2C（Consumer to Consumer）和 B2C（Business to Consumer）两种形式，在中国，前者以"淘宝"为代表，后者则以"当当""卓越""京东商城"等为代表。在中国网络购物市场规模结构中，2017 年中国网络购物市场中 B2C 市场交易规模预计为 3.6 万亿元，在中国整体网络购物市场交易规模中的占比达到 60.0%；从增速来看，2017 年 B2C 网络购物市场增长 40.9%，远超 C2C 市场 15.7% 的增速。[②]

对于消费者来说，网络购物可以不受时间、地点的限制，办公室一族可以利用工作的闲暇时间完成购物的过程；从订货、付款到收货，只需要轻点鼠标就可以完成，节省了大量的精力；选择范围广，突破了空间的限制，很多人甚至会选择国外代购；由于省去了店租等费用，同样的货物也会更为便宜。最重要的是"在很多柜台上，由于这样那样的原因，买东西还会遭白眼，让人心里很不愉快，在网上，你可以逛很久，买不买都没关系，所以心情会比较愉悦"。[③]

但显然网上购物也会受到很多条件的制约，比如支付是否安全，在网购的发源地美国，有非常发达的信用卡支付系统，为网上支付提供了便利。而在十年前的中国，支付系统很不发达，于是最初的网上购物平台，根据国情设计出货到付款的支付方式，解决了这一问题，同时大力发展担保交易，确保了交易的安全性。网购还会受到流通渠道的制约，货物运送是否及时、是否有保障等也会影响到网购平台被认同的程度。还有另一个问题，在

---

①② 陈新生：《2017 网购市场规模达 6.1 万亿 同比增 29.6%》，http://www.ebrun.com/20180121/262114.shtml。

③ 杨凡，21 岁，学生，访谈时间：2017 - 10 - 15。

没有看到实物的情况下，如何避免被欺骗？对于此，大多数的购物网站都会创建一个"声誉系统"，允许任何交易中的买方和卖方公开报告他们对于彼此的满意度。显然，当人们处于奖惩机制合理的环境中时，他们本质都是好的，即使这种奖惩是非常微小的，而"声誉系统"对于参与人互不熟悉的大型群体来说，是十分有效的。

在"淘宝"这样的购物网站上，买家可以购买衣服、鞋帽、床上用品等实体物质，还可以给手机充值，获得各种商家的优惠券，对于企业而言，他们可以从中获得开发新产品的需求信息，和进行精准营销的用户个人信息，虽然从隐私的角度还有很多问题需要探讨，但就供求双方而言，这是一个便利和富有创造性的平台。

从平台的角度看，C2C 模式和 B2C 模式各有优缺点，很多人也在探讨哪一种模式更有发展前途，就这样一个问题，台湾成邦出版的詹宏志比较了两种模式的代表性企业 eBay 和亚马逊，认为前者更有发展前途，"因为亚马逊的 B2C 一定需要物理意义上的传递，并没有充分利用网络作为信息传播工具的优势；而 eBay 的 C2C 最大限度地发挥了互联网的特征"。① 当然，是否如此要等待事实的检验。但无论如何，互联网本质上是媒体，只有最大程度地发挥其承载和传递信息的功能，才能创建最富有潜能的互联网商业模式。

网上购物的参与者，以大学生和公司白领居多，网购满足了他们对于物美价廉的个性化产品的要求，买家一般都有充裕的上网时间，一定的可支配收入，同时在城市有固定的居所，物流方便。曾几何时，人们对安居的美好愿望已经不局限于"面朝大海，春暖花开"了，还需要"快递能到，可叫外卖"。一种宅生活与网上购物相伴而生，成了互联网一代的生活方式。

---

① 林木编著：《网事十年——影响中国互联网的一百人》，当代中国出版社 2006 年版，第 119 页。

网上购物中建立起来的关系，都是比较松散的，个体对个体的影响不大。但当结成群体时，商业价值却非常显著。例如具有特别爱好的人，如中意古玩收集、稀有连环画或者古老乐器的买方和卖方聚集到一起共享信息并交易时，社会网络便形成了。在这个群体中，销售相关的产品是非常便利的，可以实现商家最为乐见的精准营销。即使那些购买大众商品的人，也会有选择上的偏好，于是根据已经购买的商品类型来进行"协同过滤"，也能够很好地实现价值主张。

第七节　立体网络——多重需求的满足

夏畅[1]是一名公司职员，从事文化产业相关工作，每天使用最多的应用就是微信，有些是与工作相关的，有些是家人朋友之间的联系。"现在联系事务、通知开会、发送文件等，常常使用微信，微信中的联系人和由不同联系人组成的群，使得工作沟通变得很便利。

亲朋好友也会通过微信保持联系，朋友圈能看到彼此的动态，通过点赞和评论常常能了解人们之间的关系和不同人的关注点。微信公众号关注的都是自己感兴趣的内容，里面集合着有共同关注点的人，有的时候也会通过公众号或微店购买一些东西。微信对于我来说是一种能满足多样化需求的存在。"

加拿大媒介理论家马歇尔·麦克卢汉早在 1964 出版的《理解媒介：论人的延伸》一书中，就提出"媒介是人的延伸"的观点：不同媒介对不同感官起作用，书面媒介影响视觉，使人的感知呈线状结构；视听媒介影响触觉，使人的感知呈三维结构。[2] 而真正使得人体获得全方位延伸的则是智能手机，智能手

---

[1]　夏畅，29 岁，公司职员，访谈时间：2018 - 03 - 15。
[2]　马歇尔·麦克卢汉著，何道宽译：《理解媒介：论人的延伸》，译林出版社 2011 年版。

机的普及给人们带来很多便利，在移动互联网时代随时随地的沟通和交流，为我们打开了一个极为便利的新世界。

微信（WeChat）是腾讯公司2011年1月21日推出的一款为智能终端提供即时通讯服务的免费应用程序。微信支持跨通信运营商、跨操作系统平台，通过网络快速发送免费语音短信、视频、图片和文字的服务，同时，也可以使用共享流媒体内容的资料和基于位置的社交插件"摇一摇""漂流瓶""朋友圈""公众平台""语音记事本"等服务插件建立联系。通过微信平台，人们之间建构了新型社交关系，让关系圈子不断延伸。

从关系视角来看，微信好友最初来自手机通讯录，覆盖的是身边比较亲密的朋友、家人或者同事，信息传播更具有亲密度，此后才扩展到陌生人层面。

通过微信平台，人们构建了新型的社交关系，基于移动互联网以多点人际传播模式将社会关系虚拟化，用微信圈子的互动重塑社会关系。微信联系人之间的关系由以熟人为代表的"强关系网络"和以陌生人关系为代表的"弱关系网络"组成，并对网上网下的社交进行了整合。"强关系网络"主要是在现实中相识的人，通过搜索微信号、QQ号、手机号或扫描二维码等多种方式成为微信好友；"弱关系网络"主要是陌生人之间使用"雷达加朋友""摇一摇""漂流瓶"等功能在网络上随机添加好友，建立两两关系，或者通过加入微信群，建立群体社交关系。

人们在微信这样的虚拟现实关系网络中，"扮演"与自我在现实中类似，但又不同的角色，在"朋友圈"中人们会以自我更加认同的方式重塑自我形象。人们有选择性地将"朋友圈"作为个人生活记录，呈现部分私人化的内容，如生活记录、观点表达等，等待圈子中的其他人对于这种记录的反馈。调查显示：朋友圈内容占比中，个人生活记录占60%以上、兴趣资讯分享和个人观点表达占38%以上、工作相关内容占33%、产品或个人品牌展示占 10% 左右。①

通过微信平台建立的关系有以下特点：

（1）增进用户间的交流。通过微信，社交打破时间和空间的限制，扣除人们现实社交中的障碍。微信具有较强的吸附能力，人际网络效应显著增强，使其他社交平台好友向微信集聚，调查显示，69.2% 的用户表示微信"增加了与亲友之间的互动，亲友间联系更紧密"，61.4% 的用户每次打开微信时会浏览朋友圈，关注好友动态，超 6 成用户最关注的朋友圈内容是"好友的个人生活展示"② 微信使得人们在各种好友圈中找到共同的兴趣和爱好，在分享互动中增进友谊，同时也增加了现实生活中的互动和交往。

（2）稳定关系链不断膨胀。微信降低交流成本，使沟通更便捷，为用户拓展交际圈提供更多可能，不断拓展了个体的社交边界。根据人类学经典的"邓巴数字"理论，人类精力允许人类拥有稳定交际关系的人数上限为 150 人。据调查，2016 年微信用户平均好友数量达 194 人，多数微信用户的好友数已突破"邓巴数字"限制。随着技术和模式的不断创新，微信正在挑战传统理论，不断突破稳定关系的好友数量，关系链不断膨胀。

（3）关系圈子不断延伸。新社交圈子的建立，提供了较为完整的陌生人际交往机制。随着微信在社会中的应用，也依照人们的需求和社交目的的不同，在社会交往层面衍生出了一些新的特点。微信好友从熟人关系扩展为更多涉及工作与服务的泛关系，职业社交成为重要一环。据企鹅智库发布的研究报告，微信社交的最新趋势，显现从熟人社交到泛关系社交的变迁。微信作为一个沟通工具，近年来不断帮助用户拓展关系链的上限，由"强关

---

① 《微信 2017 用户研究和商业机会洞察》，http：//tech. qq. com/a/20170424/004233. htm，2017 - 04 - 24。

② 《微信 2017 用户研究和商业机会洞察》，http：//tech. qq. com/a/20170424/004233. htm，2017 - 04 - 24。

系链"向"弱关系链"延伸，社交重点由家人、好友向泛工作关系网络延伸。57.22%的受访者表示新增好友多为泛工作关系。其中，担任企业管理岗位的受访者中，有高达74.3%的用户表示，新增好友多为同事或同行。职业社交已经成为微信社交的重要一环。①

从商业模式的角度来说，微信具有如下特征：

关系的混合平台：微信的点对点内容传送和产品形态注定了其能够通过互动的形式将普通关系发展成强关系，从而产生更大的价值。通过互动的形式与用户建立联系，互动就是聊天，可以解答疑惑、可以讲故事甚至可以"卖萌"，拉近陌生人之间的距离，在虚拟和现实世界里都可能成为朋友，进而相互之间产生影响。"你不会相信陌生人，但是会信任你的'朋友'"。通过虚拟的和真实的朋友，推销产品和服务，更容易被信服。

满足多种需求：通过微信开放平台，可以加入微店小程序直接销售商品；可以在公众号中，从内容的黏性出发，吸引相关产品的购买，如很多亲子育儿的公众号，都可以团购图书或儿童用品；也可以在内容中植入广告来推广产品，如很多影评类的公众号。即使没用那么直接地与商业相连，不同兴趣群中的人，也会对彼此的购买产生影响，用潜移默化的方式来实现和影响购买活动。

---

① 《微信2017用户研究和商业机会洞察》，http://tech.qq.com/a/20170424/004233.htm，2017-04-24。

第三章

互联网人际关系的
结构方式

通过使用方式来考察互联网媒体中的人际关系，可以为我们提供大量鲜活、细致的观点和材料，但具象的关系分析难以成为建构商业模式的基础，因此，本章将根据上述对互联网人际关系的具体分析，引入社会网络理论（Social Network Theory）①，对网络人际关系进行抽象。

关系是一个富有中国文化特色的概念，而社会网络理论来自西方，但两者在内涵和目标上存在着共性，都是从社会结构的角度出发的，都将个人看作是单个的结点，研究结点之间的联系方式。"关系属于社会结构的概念，是社会结构得以实现的通路或者说是形式。定位于社会结构位置上的各个点即地位和角色以及与之相关的诸要素，其间相互联系起来，才能构成一定的社会类型。这种结构性的联系是客观的，又带有人的主动性和意志性特点。"② 而"所谓社会网络，是被一系列的社会关系以特定的方式连接起来的一系列结点。这些结点既可能是个人，也可能是组织，结点在持续的社会接触过程中会发展出种种联系，并形成具

---

① 社会网络思想最早由德国社会学家 Simmel 提出，英国人类学家 Brown 在 1940 年首次对社会网络的概念进行了明确界定。
② 沙莲香：《"己"的结构位置——对"已"的一种释义》，载于《社会学研究》2000 年第 3 期。

有特殊形状和运行规则的网状结构。"① 某种程度上来说，关系是社会网络理论的中国化表述。

但从已有的研究来看，对于关系的研究多用文字表述，以定性分析为主，具有一定的模糊性；而对社会网络的表述，一般采用图的形式，定性和定量分析相结合，有明确的维度。具体而言，社会网络通常包括四个维度②：

（一）结构维度（the structural components）

结构维度指的是在一个网络内部，结点之间联系的几何形状和强度，是社会网络的构成基础。社会网络的形状以及个体在其中的位置，影响着个人重要性的大小；纽带的强度，则决定着关系的稳定性。就作为结点的个体之间的关系而言，依据相处时间的长短、情感联系的强度、亲密度、相互提供的服务多少等标准，存在两种纽带：强纽带（strong tie）和弱纽带（weak tie），在社会生活中强纽带往往发生在生活背景、知识结构、价值观念相近的人之间，而弱纽带则正好相反。

（二）资源维度（the resources components）

资源维度关注的是网络结构中不同结点（包括个人和组织），所拥有的资源的性质以及数量，是社会网络的内容。资源既包括有形资源，如财产、货物等，也包括无形资源，如能力、知识以及特定身份等。网络结构中某个个体所拥有的资源总量是由他个人拥有的资源加上他依靠其关系可以调动的资源之和。一个人社会网络越庞大，拥有的资源量越多，其影响力就越大。

（三）规范维度（the normative components）

规范维度是社会网络中的个体共同遵循的价值观、规则、惯

---

① Edward O. Laumann, Joseph Galaskiewicz and Peter V. Marsden, Community Structure as Interorganizational Linkages, *Annual Review of Sociology*, 1978. Vol. 4：455 - 484.

② Davern, M., Social Networks and Economic Sociology: A Proposed Research Agenda for More Complete Social Science, *American Journal of Economics and Sociology*, 1997. Vol. 56（3）：287 - 302.

例等，这些规范及其效力影响了网络中个体的行为。其重要内容包括：社会网络中个体信任度的高低、社会网络运行的规则以及保证这些规则有效运行的奖惩措施。不同的社会和文化背景，会产生不同的规范。

（四）动态维度（the dynamic components）

动态维度是特定社会网络形成并演变的模式。网络是建立在弹性结构的基础之上的，因此是动态的和灵活的。认识到网络的动态性，对于研究社会网络很重要，因为：随着时间的变化，前三个构成要素中的一个或多个会发生变化；任何社会网络都会有生命周期——形成、发展和消解的过程，准确地判断其所处的阶段，可以更好地管理；有利于指导我们有目的地构建社会网络。

社会网络不同于经济网络，但它为经济资源的配置提供管道，很多经济交换嵌在社会网络之中。[①] 中国的文化传统更多地强调人与人之间的关系，因而社会网络在资源配置方面的作用更大。

使用社会网络理论来考察互联网上人际关系的结构方式，首先需要考察互联网上关系网络的特殊性，对模型做出相应的调整。互联网媒体上体现出来的关系网络，受空间和介质两重限定后，显现出自身的特性，包括：（1）从结构维度的角度，互联网媒体的本质在于传递信息，所以除了社会网络的结构和强度外，信息的内涵也会对关系网络产生重要影响；（2）从资源维度的角度，在社会网络的范畴中，结点所拥有的资源既包括有形资源，如财产、货物等，也包括无形资源，如能力、知识以及特定身份等，而在互联网上，产生影响的主要是无形资源，在虚拟的空间里，有形资源的影响力有限；（3）从规范维度的角度，除了受到文化和社会的影响外，在互联网的关系网络中，人们还

---

① 张其仔：《中国人的关系取向与中国企业的关系营销》，载于《经济管理》2004 年第 22 期。

会受到所处平台的影响，平台的设计者制定这个小世界的规则，也正因此，互联网关系网络的规范更加细化和多样；（4）从动态维度的角度，互联网的关系网络介于现实和虚拟之间，受到客观环境的影响相对较少，因此更具有动态性。

考虑到上诉这些因素，本研究将互联网使用者个人或单个的媒介组织、商业组织视为互联网关系网络中的一个结点，从结点排列的几何形状、结点之间联系的紧密程度、结点相互联系的内涵几个维度对互联网关系网络进行划分。

第一节 从结点排列的几何形状上看

在影响互联网关系网络的各种维度中，结点排列的几何形状无疑是其中最为基础的。各种结点以什么样的几何方式结合在一起，会影响关系网络形成的紧密程度，相互影响的程度，以及稳定程度等，本节就旨在探讨，互联网关系网络的三种主要的几何形状，把它分为主从结构，平面的网和立体的网，三者没有严格的承接关系，但大致来说，有一个时间和发展上的延续性。

一、主从结构

传统媒体与受众的关系，是一种主从关系，媒体决定了受众可以看到什么内容，在什么样的时间节奏和空间限制下接触内容。互联网媒体在中国的最初样貌，是以新闻网站的形式出现的，虽然使用者接触信息的范围扩大了，时间上更自由了，还可以通过反馈，影响网站的新闻选择和排版，但这些只是物理结构的改变，从本质上来讲，新闻网站与使用者的关系依然是典型的主从结构关系。在博客和论坛中，由于知识、声望和掌握信息多寡的区别，也会形成一种自发的主从结构。

在主从结构（如图 3-1 所示）中，处于主导的一方，在关系中拥有重要的影响力，但从传统媒体，到门户网站，再到博客、论坛中自发形成的主从结构，主导方的影响力在逐渐地下降，跟从方的影响力在上升，双方的沟通逐渐增多，相互影响的程度也在加深。

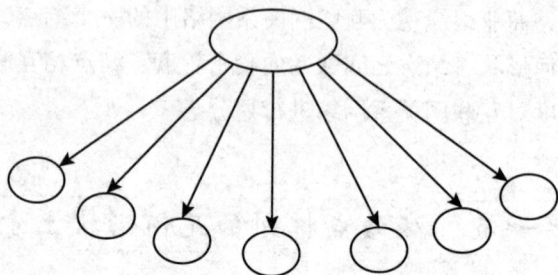

图3－1　主从结构

门户网站从本质上说是传统媒体物理意义上的延展，但和传统媒体相比，至少在两个方面具有进步的意义。

首先是空间的延展。打破了传统媒体的条块分割和地域限制，人们不仅可以看到全国各地的信息，还可以接触到世界范围内的资源，"网易"推出的公开课，将世界知名高校的公开课翻译过来，放在互联网上，提供给每一个有兴趣的网友，就是一个信息在空间上扩展的好例子。这种扩展的一个重要结果就是竞争的引入，让优质的资源体现出更大的价值。

其次，门户网站具有的反馈功能，提升了使用者在信息发布中的权力。门户网站和传统媒体相比，有了一定的反馈功能，通过文章后面的跟帖和评论，在新闻的基础上，汇聚了各种声音，这种声音对于媒体和社会的变革都有一定的参照作用。

但总的来说，门户网站更像是传统媒体在覆盖范围和内容容量上的延伸，起到的是放大镜的作用，是信息发布的平台互联。因此，也就不可避免地具有传统媒体的特点和局限性，有数以千计的注意力箭头指出——从媒体到受众，却只有微弱的箭头指入，媒体与受众的主从关系没有发生改变，媒体凭借渠道的优势在互联网关系中处于中心和支配地位。

在论坛、博客中，呈现了另一种现象，虽然没有预设的权威，但经过一段时间的累积，常常会形成少部分最活跃的，或者最受关注的民间领袖。他们贡献的内容无论是数量上还是质量上都比平均值要高得多。在这里，结点并不是凭借渠道获得支配地位的，而是靠知识、阅历，和对信息的掌握程度，这是一种自发形成的主从模式。

如何解释这种现象呢？可以用幂律分布加以解释："在一个圈子中，内容提供者受关注的程度会呈现出幂律分布的形态"[1]，幂律分布描述的是这样一种数据，其第 n 个位置的秩（rank）是第 1 个位置的秩的 $1/n$。对于一个纯幂律分布，第 1 位与第 2 位之间的差距要大于第 2 位与第 3 位之间的差距，以此类推。在任何呈现幂律分布的系统中，其平均值、中值和众值必然相差悬殊。

这个原理可以用一个有趣的例子来表达，当比尔·盖茨走进一家酒吧，突然里面每个人，无论他自身有多少资产，都成了这个小范围内平均意义上的百万富翁。幂律分布本是数学领域的研究成果，20 世纪早期经济学家维尔弗雷多·帕累托（Vilfredo Pareto）将其引入到社会科学的研究领域，他发现他所研究的每个国家的财富都呈现出幂律分布，他因而称之为"可预料的不均衡"（predictable imbalance）。在《长尾理论》一书中，克里斯·安德森（Chris Anderson）对于在线零售商的分析，背后隐藏的也是这一原理[2]。这一原理不仅适用于互联网经济领域，也同样适用于内容创建。

---

① Duncan J. DWatts, The New Science of Networks, *Annual Review of Sociology*, August 2004, Vol. 30: 243 –270.

② Chris Anderson, *The Long Tail: Why the Future of Business Is Selling Less of More*, New York: Hyperion, 2006.

根据上述的原理可以看出，在任何一个以平等表达和平等关系为起点的圈子中，随着时间的推移，总会有少数人因为知识层次或是表达能力上的优势，贡献出更多更受关注的内容，因而成为群体中的领导者，而其他的人，慢慢地会在不自觉的情况下，成为跟从者。

在这种自发的主从结构中，结点之间的关系既类似于以渠道限定的主从结构，又体现出不同。相同的是结构形式，不同的是影响的方式。在自发形成的主从结构中，作为主导者的人关注他人对自己的评价，通过查看跟帖和评论，或者他人对他所创建的内容的反应，进行回复和内容调整，呈现出对话的样貌。在小群体中，双方的互动性越强，主导者的影响力越强。但当主导者开始获得比他们所能回报的更多的关注时，就遇到了一个临界点，他无法与跟随者进行一一的对话和交流，这时，主从关系就更明显了，在这种状态下，主导者影响的范围增大了，但形成的关系结构要比在小圈子内部的松散得多。

主从关系在互联网上构建了新的权力结构，在这种结构中，获得有影响力的人的认同，是实现商业价值的关键。寻找那些有影响力的人，无论是每个圈子中的活跃分子——他们花了更多的时间在网上，并且深谙互联网的传播规律，总是能够以一种领袖的姿态存在，他们的观点由于有接近性更容易使人信服，还是民间高手——他们通过在博客、评论和在线游戏中的长期优异表现，建立起自己的权威，都可以更有效地影响关系结构中其他的人。

二、平面的网

互联网最早出现的时候，是由一个个很平均的结点结合成的网，每个结点都是独立的人或一台单独的机器，平等是这种技术的特征之一。因此，从中心向外辐射的形式，不符合互联网的本质特征。而以每个人为结点，建立人与人之间的普遍联系，才是互联网最恰当的结构方式（如图3－2所示）。

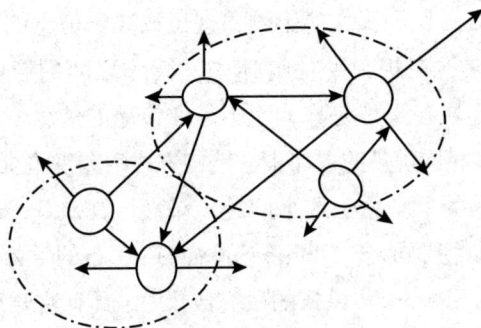

图3－2　平面的网

在这种结构中，每个人都是一个结点，人们因为各种各样的需要自发地形成各种小的群体，每一个群体都有它内在的质的规定性。由于群体规模和个人在群体中所处位置的不同，在这个以平等为起点的互联网世界中，也会拥有不同的权力。

首先，群体规模对群体中关系的影响。我们在生活中经常能体验到，两个朋友一起做一件事，比较容易达成共识，如果是三个、四个……随着构成群体数目的逐渐增加，朋友的相处方式会发生很大的改变。5个人组成的群体会有10种联系，10个人组成的群体有45种联系，而15个人组成的群体有105种联系，群体复杂性的增长远远快于规模的增长。关于这种复杂性，1972年物理学家菲利普·安德森（Philip Anderson）在《科学》杂志上发表文章认为，任何事物的集合体，无论是原子还是人，都会呈现出单凭观察其组成成分而根本无法预测到的复杂行为。① 群体环境下的个体行为和单个人的行为会有很大的差异，不同群体中的同一个个人也会在行为上存在差异。

---

① 克莱·舍基著，胡泳、沈满琳译：《未来是湿的》，中国人民大学出版社2009年版，第20页。

具体到互联网关系网络中，在规模大的群体中，个人与他人的联系是相对疏松的，因此，有很多人能够看到你要传播的信息，但却未必会受到很大的影响，这还取决于信息的质量和接受者的认知框架；在规模小的群体中，彼此之间的影响会更为深刻，影响的本质在于你是你，而不是你传递的信息。

其次，在相同规模的群体中，结构方式的差别也会影响群体内部成员之间的关系。关于这个问题，邓肯·瓦茨（Duncan Watts）和史蒂夫·斯特罗加茨（Steve Strogatz）发布的"小世界网络"（Small World Network）模式的研究成果①，具有重要意义。

以十个人的群体为例，假设有两种联结方式（如图3－3所示）：

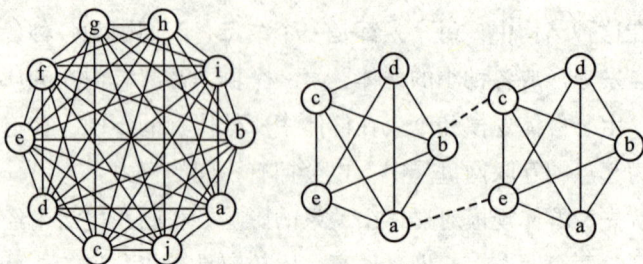

图3－3　10个人联结的两种方法

第一种联结方式是，每个人都与其他人直接关联，每个人都可以直接同任何其他人直接交流。如果有人暂时或永久性地脱离群体，其他人之间的联系不会被破坏。这种联结方式的特点是平等，但问题在于很快网络就会变得非常稠密，如果想再增大规模，变得十分困难。

第二种联结方式是，将10个人分成两组，每组5个人，在5个人的小群体中，每个人都可以与其他人直接交流，但在两个小

①　Duncan Watts, *Small Worlds*: *The Dynamics of Networks between Order and Complexity*, Princeton University Press, 1999.

群体之间，只要保证每个小群体中有两个人与另一个群体中的两个人有直接的交流，这两个独立的小群体，就可以进行沟通。这种结构具有相对的稳定性，即使群体的规模进一步增加，也不会使联系过于稠密，但显然，人们在群体中的位置不再平等，处于关节点的人，拥有了更大的权力。

在互联网的关系网络中，人们最初自发结成关系的方式是第一种方式，但随着规模的增大，自动裂变成第二种方式，并且稳定地维持下来。在第二种联结方式中，起到关键作用的是少数人，多数人在其中并不发挥很大的作用，但系统更具有稳定性。作为社会学研究的成果，这种疏松和稠密相互连接的关系网络是现代社会共有的特征，尽管由于现代化程度不同，表现会略有不同。

而互联网的出现，验证并且延伸了这一理论，在"人人网"的上亿用户中，每个人的平均朋友数约为 60，而全部用户朋友个数的中值为 5，"微博"也呈现同样的特征，名人的微博，它的关注者可以成十万计，而普通人的微博只在少数朋友形成的小圈子中，受到关注。那些拥有更多朋友，受到更多关注的人，就是不同小群体之间联结的关节点，他们在互联网的关系结构中发挥着重要的作用，这为多种社会交往工具提供了设计的基础。

较大的网络是由内部连结更为紧密的次级网络松散地连结在一起的。小世界网络对于信息同时起到了增强和过滤作用。你朋友或朋友的朋友喜欢的东西，你可能也会喜欢，反之，他们不喜欢的东西，你可能也不会关注，这符合人以群分的社会特点。技术并没有消除不同类型的人之间的壁垒，而是让相同类型的人跨越了空间的障碍，联系在了一起。空间的增大使得那些处于连结点上的人有了更大的能量，而对于普通人来说，世界依然如故。

通过互联网这种媒介，结成群体的方式和群体的规模发生了改变，这对于经济、社会和传媒都将产生重要的影响。但这种影响的形成与显现需要一个过程，以中国互联网的发展为例，1995

年到 2000 年是启蒙阶段，在这一时期，行业发展非常红火，但因为普及率不够，并没有真正形成社会影响力。在 2000 年前后，虽然经历了互联网泡沫的破裂，但技术的启蒙工作已经完成，众多人加入网民的行列中，互联网拥有了真正的社会密度，参与程度大大提高。身边的一部分人上网和大多数人都上网存在着本质上的差别，这为多样化社会群体在互联网上的形成奠定了基础。直到那时，互联网对于社会、经济和传播的影响才开始真正展现出来。

三、立体的网

平面的网把人看作是平等的结点，这显然是符合互联网的技术特征的，但人是如此的复杂，有多种多样的需求，很难被抽象为一个单一的点。

根据马斯洛的需求层次理论①，人的需求分成生理需求、安全需求、社交需求、尊重需求和自我实现需求五类，依次由较低层次到较高层次排列。但这样的次序不是完全固定的，可以变化，也有种种例外情况。一般来说，某一层次的需要满足了，就会向高一层次发展，同一时期，一个人可能有几种需要，但总有一种需要占支配地位，对行为起决定作用。任何一种需要都不会因为更高层次需要的发展而消失，各层次的需要相互依赖和重叠，高层次的需要发展后，低层次的需要仍然存在，只是对行为影响的程度大大减小。

虽然人在使用互联网媒体过程中，所呈现出的需求和满足不完全等同于马斯洛对现实需求的分析，但只是需求的内容变化了，层次性依然存在。因此，互联网上的人，不能被抽象为一个简单的点，而是一个有着多种需求层次的柱状结构（如图 3 - 4 所示）。

---

① 亚伯拉罕·马斯洛著，许金声等译：《动机与人格》，中国人民大学出版社 2007 年版。

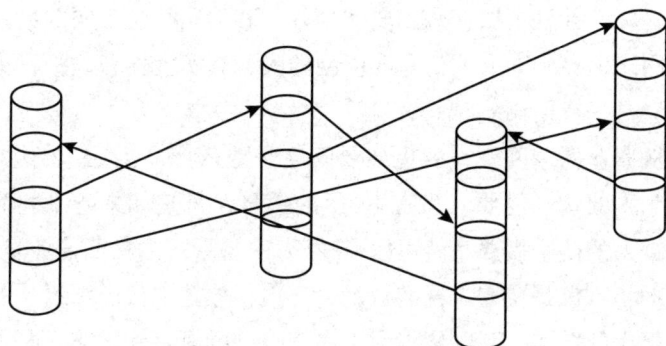

图 3 - 4　立体的网

互联网的出现，使权力一点点地向使用者倾斜，并且权力的构成迅速地分化，谁能决定什么是合宜的呢？是每个人。人不只有一个兴奋点，可能有几个或十几个兴奋点或特点，传统的大众媒体试图覆盖更大数量的人群，而互联网上的综合社区，则深度挖掘和满足每一个人的需要，这种立体化的覆盖，可以更好地实现共赢，互联网也就从单纯地满足人们的某种需求转变成满足一群人的多种需求。

人常说自己的性格是多重的，当他的多重特点在一个环境中展现的时候，就是一个立体的人，也是一个活生生的人，在这种环境下的网上交往，是完整的人与人之间的交往。一些人可以以完整的面貌和其他人形成圈子，也可以通过自己的某一个或某几个特点与人形成关系。

从互联网的发展阶段上看，Web 1.0 时代，满足的是人们实时处理信息，浏览和搜索信息的需要；Web 2.0 时代的主角是互动和社区，在网上建立人与人之间的联系；到了 Web 3.0 时代，互联网就成为了一个全能助理，它是生活中理所当然的一部分，发现并满足人多种多样的需要。立体的网是互联网关系网络在未来的发展方式。

从个人的角度看，只有人在互联网世界中，展现出了多种需要和喜好，并且根据这些需要和喜好，和他人结成不同的关系结构，网络世界中的人才是真实生动的人，真实世界和虚拟世界的界限会进一步模糊。

从商业的角度看，试想如果一个企业的产品满足了 10 万人中每个人的单一需要，它有 10 万的销量，可是如果它平均满足了每个人的四个需要，就可以有 40 万的销量。未来的商业发展，关注的将不仅是覆盖人群的数量，还包括覆盖人群的深度，是一种多层次的覆盖。互联网消费者在意自己的喜好和需求，是否在合适的时间和状态下得到满足，多层次的覆盖正是着眼于消费者体验的连续性。

第二节　从结点联系的紧密程度和规模上看

社会交往能力是人的基本能力之一，社会本身就是由个体和小群体组成的集合体，个体与群体的关系，群体内部成员之间的关系，以及群体与群体之间的关系，共同构成了一个复杂的网络。互联网并没有改变这种社会的基本构成结构，只是改变了群体的关系内涵和边界。

从一出生，我们就因为家庭、年龄、地域等被划归到不同的群体中，因为这对于一个人的生活是如此自然的事，所以常常被忽略。互联网出现后，人们用新的方式组成了不同的群体，以兴趣、年龄和爱好为核心的内在同质性增强了，但稳定性降低了，因为群体的形成和分解都是如此的容易；时间的传承性削弱了，空间的延展性增强了。作为社会基本构成元素的每个人，所拥有的能力和影响提升了，包括分享的能力、合作的能力、进行集体行动的能力。这种群体形成方式和内涵的改变，不仅仅会影响个人的生活，还会对商业、传媒、社会等产生深远的影响。

当然最重要的改变是，互联网一代重视朋友的意见，通过各种社交网站，拥有众多和自己观念接近的朋友，并且相互影响。在各种不同的社交圈子中发出的信息，之所以能引起积极的回应，并不是因为它更丰富、更有趣，而是在于接收人对发送人的关心，这是一种嵌入式的传播。"无论什么时候，朋友的推荐都是最有效的广告，即使当时没有影响我的购买行动，以后也会有影响。"[①]

在互联网关系网络中，作为单个结点的个人，能够影响谁，又能够被谁影响？对哪些人的影响大，对哪些人的影响小？这些是由各结点之间联系的紧密程度决定的。

人们在互联网上形成关系的紧密程度依然符合"差序格局"结构，即以自我为中心，建立起了多重影响的圈层结构（如图3－5所示）：包括作为核心的自我，外层的亲密朋友，更大范围的普通朋友，还有外面的整个世界。每个层次的交往规则和对自己的影响都不同。

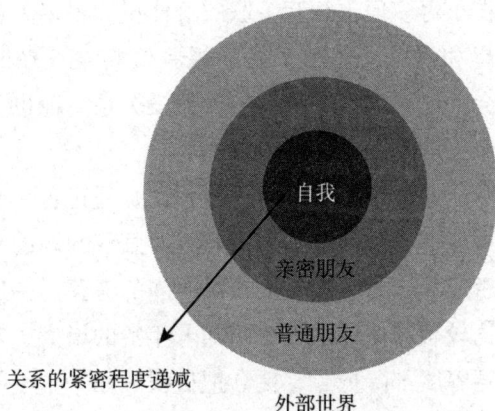

自我

亲密朋友

普通朋友

关系的紧密程度递减

外部世界

图3－5　关系结构紧密程度示意图

差序格局是在对中国传统社会进行观察的基础上得出的，在互联网时代，差序格局各个层次的内涵会发生一定的变化，既受

---

① 陈蓉，22岁，私营业主，访谈时间：2016－03－25。

到传统的血缘、地缘、业缘的影响，也受到兴趣、爱好、情感的影响。下面的分析中，会对每个层次形成的路径进行分析。

自我：作为结点的个人。

亲密朋友：每个人的亲戚、同学，和在现实生活中经常往来的人，会划入亲密朋友的范围，这些人往往非常了解自己，或者特别谈得来，因此不仅在网络上，也在现实生活中经常保持沟通，是可以信任的圈子。

亲密朋友圈子的形成，受到现实社会较深的影响，主要依据的是血缘、地缘、业缘这些传统的影响社会关系的因素。因此，这个圈子的规模不会太大，但作为中心的个人，对亲密朋友圈子中的其他人的影响是实实在在的，可以很大程度上推动现实的选择。而且亲密朋友之间的关系内涵是情感，传递的内容并没有那么重要。社交网站上有成千上万名用户，但绝大多数用户并不能直观感受到它的规模，每个人都只是和少数人互动。绝大多数的交谈都发生在小得多但也相互关联的群体里。很多人会觉得那种小众化的感想和体验、包括个人的视频资料被放在网上是可笑的，因为谁会关注你这些小心思的，但没关系，他也并不是给你看的，是给亲密朋友圈子中的人看的。

普通朋友：通过亲密朋友认识的，或是通过各种其他途径认识的朋友。可能拥有共同的兴趣爱好，对某些问题的看法也比较一致，但能否成为亲密的朋友要经过时间的考验。一般人在年纪小的时候，比较容易信任别人，而随着年龄的增大，对外部世界的好奇心和宽容度都降低了，更会把自我缩在一个小圈子中，所以如果在早年没有形成一个稳定的、大规模的朋友圈子，后来则难以形成。

普通朋友的规模因人而异，有些人的朋友很多，他就成为关系结构中的关节点，也有人的朋友很少，更可能的是成为跟随者，前者影响范围大，后者影响范围小。普通朋友的关系内涵是内容，传递的内容是否有趣，是否有益，可以决定内容传播的广度和深度。

外部世界：一个人的生活空间有多大，要看他内心的广阔程度。人人在生活中都在等待着奇迹的发生，而互联网显然是一个能创造奇迹的地方。所以人们经常会在网上发言、转帖，关注别人，等待着未知的人认识自己，"每一次在网上发言，都像是丢出一个漂流瓶，隐隐地期待着奇迹的发生，期待着某个人会看得见，然后发生一个故事"①，这就是外部世界的吸引力。

在互联网中的外部世界，是一个难以圈定的范围，你也很难知道，传递出去的东西，会对他人产生什么样的影响。比如，网上曾经大红的"贾君鹏，你妈喊你回家吃饭"，可能在最初，没人想过他会产生如此惊人的传播效果。在外部世界中，作为结点的个人与他人的关系，是似有似无的，所以必须找到具有大范围普世价值的内容和情感，才可能广泛传播，对他人产生影响。

处在上述关系层次中的人并不是固定不变的，而是可以相互转化的，普通朋友可能因为志同道合成为亲密的朋友，亲密的朋友也会因为反目而成为陌生人，这种转化同现实世界一样，只是因为在互联网上，缺少了现实世界中的束缚，这种关系的转化更容易发生。但转化的只是个人在其中的位置，而不是关系结构的层次。

以自我为中心，向外发散，建立起圈层关系结构，在这个结构中，每个人的人际关系范围能有多大？对于这个问题，1992年，英国人类学家罗宾·邓巴（Robin Dunbar）给出了他的答案②。他经过研究提出，包括同学、好友和你想见的人在内，一个团体的自然大小应该是 150 人左右，人能够通过人际交往稳定维持的人就这么多，传统的生活方式也一再验证了这一理论。邓

---

① 杨志斌，24 岁，公司职员，访谈时间：2017 - 11 - 15。
② 罗宾·邓巴（Robin Dunbar）著，马睿、朱邦芊译：《你需要多少朋友》，中信出版社 2011 年版。

巴认为，如果人们想扩大群体的规模，就要有一个更节省时间的方法把大家联系在一起。

互联网技术为人们提供了一种节约时间、压缩空间的方法，它迅速扩大了人们的交际范围，不但规模扩大了，选择朋友的范围更是极大地扩大了。一个人可以建立关系的对象可能成百上千，而在偶然中发生联系或产生影响的人，更是难以计数。人人都有相对稳定的亲密朋友圈，但外部世界是如此广阔，其范围谁也说不清楚。

在以个人为中心的互联网的圈层结构中，圈子与自我的关联程度由内向外是递减的，自我对于他人的影响程度从内到外也是递减的，是一种由紧密到疏松的模式。当然，这也会因人而异，对于少数在互联网上非常有号召力的人来说，在任何圈层结构中，影响力都很强大。

通过网络构建的社交圈子比传统的方式范围大得多，复杂得多，也有效得多。圈子越大、越多，获得自己想要的信息，结交想要结交的人的可能性就越大。

互联网技术还使得维持和管理群体的成本显著地下降，一个人拥有众多的朋友，但并不需要经常见面，可以只是通过互联网聊天、讨论、合作，玩游戏。正因为成本低，在没有经济动机也没有合理的组织架构的情况下，形成和维护群体的可能性大幅地增加。旧有的机构依然会存在，但新的群体也将越来越多地发挥作用。

从前人们所熟悉的皮下注射式的传播方式，难以穿透这种圈层结构。因此，要调整传统的思维方式，让更多的人参与到传播的过程中来，对处于不同圈层结构的朋友产生影响。

无论如何，人们通过互联网认识现实生活之外的人，建立起相互信任的关系，并互相影响，这本身就是件有意思的事。于是在各种各样内涵不同的小圈子中，整个社会的权威分散开来，社会结构也会因此发生变化。

第三节　从结点相互联系的内涵上看

互联网关系网络与现实的社会网络之间最大的区别在于，前者可以超越很多有形的物质限制，强化了无形资源的作用。在互联网关系网络中，知识、阅历、名声等，是影响关系结构的重要因素，而现实中的财产、地位等有形资源的影响力弱化了，当然，如果互联网世界与现实世界的边界被打破，实现了相互连接和渗透，那么有形资源依然会发挥重要作用。

本节主要探讨在以情感为核心、以内容为核心、以商品为核心形成的及几种关系网络中，关系的强弱和结点相互影响的程度。

一、以情感为核心

以情感为核心的关系网络，是最为稳固的关系网络，对于每个人来说，精神层面的东西，都是最不容易改变的。此处探讨的情感可以分为两种类型，一种是现实世界的感情在互联网关系中的投影；另一种是以兴趣爱好建立起的情感。

现实世界的感情在互联网关系中的投影，在社交网络和即时通讯的应用中比较常见。人们将现实中的友情和亲情移植到网络世界中，保持经常的联络。这是互联网一代习惯的交往方式，"我和几个要好的朋友并不经常见面，但却几乎知道对方每时每刻的动态，因为我们经常在网上分享各自的经历和感受。也会把自己喜欢或感兴趣的东西推荐给对方"①。通常来说，这种关系结构的规模不会很大，只能在少数几个人之间保持稳定的情感联系，以本次访谈的 100 个对象为例，经常保持联系的朋友，一般都不超过十个。但关系结构相对稳定，关系内部成员之间的影响

———————

①　李萌，21 岁，学生，访谈时间：2015 – 11 – 12。

非常大。

　　虽然这种关系非常紧密，相互之间影响巨大，但对于目的性很强的营销和传播来说，并没有直接的价值，因为很难判断在这样的小群体中，什么东西能够引起兴趣。

　　以兴趣爱好建立起的情感关系，在小型的论坛和群中比较常见。例如，霍华德论坛（Howard Forums）是由痴迷于移动电话的电脑程序员霍华德·彻（Howard Chui）创立的。最先，他依据自己的爱好开设了一个关于移动电话的博客，一次在回答了许多读者提出的技术问题后，他萌发了创建论坛的想法。理由是：让读者们互相联系可能比一个人回答他们的全部问题要容易得多。这一想法后来被证实是对的。创建不到5年，论坛每年的页读数达到5亿之多，其各种主题细化得令人难以置信，例如如何改装某些品牌的手机，或者比较不同移动通信网络的优点等。由于论坛所产生的信息如此优质，当顾客们遇到某个特别复杂的问题，移动电话公司里的工程师甚至会介绍他们来查阅论坛里的信息。尽管霍华德论坛不从属于任何移动电话公司，但正是由于论坛上讨论者拥有对移动通讯共同的热爱，才使得它能够稳定地发展下去。

　　以某种形式将个体的兴趣和才能，以如此低的成本聚集到一起，发挥超乎想象的价值，这曾经是难以想象的。仅仅以兴趣为纽带，成员之间建立起稳定持久的关系，并影响相互的选择，也曾经是难以想象的。而在互联网上，这样的事经常发生。圈子内的成员彼此倾听，并给出对方建议，用这样的方法相互关照，有人得到了他想要的信息，也有人因为帮人解答了疑问而获得好的声望，或是推销出了自己的观点和产品。这对于群体和个人都是双赢的途径，因此，以兴趣和爱好形成的圈子常常比严密构建的组织拥有更蓬勃的生命力。

　　根据兴趣爱好形成的关系网络是新产品推广最理想的平台，兴趣爱好本身已经体现出质的同一性，与这种质相符合的产品，必然能够吸引这个群体中的人，只是他们往往是一个领域的专家或长期的关注者，因此，只有确实优质的产品，才会取得好的推广效果。

二、以内容为核心

内容为王，是许多媒体从业者认同的观念。在互联网时代，内容依然是媒体重要的竞争资源，同时，内容也是结成关系的纽带。从表现形式来看，能够结成关系的内容包括博客、论坛、新闻和游戏，在其中，用户结成了两种关系：一种是长期相对紧密的关系，比如在"博客"或连续性的游戏中；另一种是短暂疏松的关系，如针对某个热点新闻事件和热帖结成的关系。

在围绕"博客"结成的关系中，"博客"的作者往往是其中的主导者，可以在一定程度上影响关注者，这个群体如果规模不是很大，就会相对固定，彼此之间产生较深的影响。连续性游戏中的关系，由在一起合作的时间决定，越是稳定的圈子，彼此之间的影响越会很大，合作中的每个人在其中的作用不同，担任领导者或组织者角色的人，往往拥有更大的影响力。

在热点新闻事件和热帖中结成的关系，虽然非常短暂，但常常很热烈。分享重要信息是人的一种基本冲动，如果是一条人们都关心的信息，即使没有权威机构的发布，也能在很短的时间里，通过各种方式传播。比如，邓玉娇事件、钱云会事件，有知情人发布了事件的相关信息，立刻通过各种渠道被转载，众多看似不相关的人参与到事件的调查中去，并表达了对事件的评价和态度。当然这种群体的关注和参与并不仅仅是由互联网技术引发的，"技术在其中的作用在于通过消除两大障碍——信息的地方局限性和集体性反应所面临的壁垒，从而改变公众反应的范围、力度，尤其是持续的时间"。[1]

---

① 克莱·舍基著，胡泳、沈满琳译：《未来是湿的》，中国人民大学出版社2009年版，第98页。

邓玉娇事件、钱云会事件让我们见识到了互联网的聚合力量，这既是因为这种技术，也是因为由技术和其他力量相互作用产生的合力，改变了社会结构。通过各种联系的工具，每个人都向社会展示了更多的个人信息，我们因此更容易找到对方，也更容易被审视。

热点新闻事件中结成的关系是如此的热烈，又是如此的短暂，任何有商业目的传播都很难植入其中，这是一种比商业更深层次的力量，属于政治和社会的层面。需要引起广泛的关注，因为这种关系包含的结点是如此众多，每个人都在其中打量着他所身处的环境，因此，新闻事件的发展走向，会对社会产生深刻的影响。

对于互联网上多样化的内容，很多人持批评的态度，认为很多新闻难辨真假，互联网成为流言传播的沃土。持这种观点的批评者延续了传统的思维，只考虑了传者的一方，却忽略了内容接收者的作用，"将传统媒体的条理性和社会性媒体的乱糟糟相比较，常会导致人们忽略了一个事实，即这不仅仅是两种生产系统间的比较，而且也是两种过滤系统间的比较"。① 传统媒体的高成本形成了高壁垒，所以会形成一套严格的过滤体系。但却未必是以消费者的喜好为衡量的标准。比如，电视节目以整点或半小时为播出单位，这不是因为创作者发现了审美意义上最理想的单位时长，而是让观众记得他们最喜欢的节目是从什么时候开始的，规则的时间比较容易记忆。大规模业余内容生产者的进入，以及渠道的广泛，造成了比传统媒体严重得多的过滤问题。让读者自己过滤就成了唯一可行的方法。

但读者会以什么样的标准来选择和过滤新闻呢？依据的是每个人自己的认知框架和对社会的基本判断，因此，突发性新闻中

---

① 克莱·舍基著，胡泳、沈满琳译：《未来是湿的》，中国人民大学出版社2009年版，第60页。

结成的关系，反映的是大多数人看待世界的态度。

三、以商品为核心

以商品为核心结成的关系可以分为两种，一种是一次性的，一种是比较长期的。前者是在单次的购物行为中发生的，后者则常常与某种品牌相联系。

网络上大多数的购物是随机的，一个人想选购什么商品，就在购物网站上浏览，但并不是每个购物者都目标明确，也会受到同类人群的影响，所以协同过滤在商品推荐上会起到很大的作用。比如，你选购了一本书，网站就会根据你所选书目的内容，向你推荐"喜欢这本书的人也会喜欢下面几本书"。这其中依据的就是协同过滤的原理，在你之前买过这本书的人，还买了另外几本书，因此，你也有可能会喜欢另外几本书，爱好相近的人的选择常常会差不多。正是有了协同过滤的存在，这种短暂的商品关系，就有了重要的价值，一个你不认识的人，可能成为商品的最好推销者，而且这个过程本身也不是生硬的、惹人厌的，而常常是有建设性的，各方可以实现多赢。

如果一群人对某一品牌具有忠诚度，这种联系则可能是比较长期的。如电子产品零售商美国电脑（CompUSA）在自己公司的网站上加了一个客户评分系统后，很多消费者在搜索相关评论的时候链接到了该网站，然后讨论关于这个品牌的各种产品：关于其性能、拓展的应用，与同类产品的比较等。后来的数据显示，浏览或参与讨论的人，其购买率比其他的网上消费者要高50%。

在通过品牌形成的小群体中，人们关注的不只是商品，还包括个人的兴趣爱好和很多人看待自己的方式，这种网络上的志同道合会对现实生活产生影响。他们所在的群体越小越特别，稳定性就越高，互相影响的程度也会更深，群体中的人更可能成为现实中的朋友。深植于某个群体中的嵌入式信息从来都比随机的大众传播的消息更有效果。

对于这三种不同内涵的关系，其覆盖的群体规模和关系内部相互影响的程度可以用图 3 - 6 来表示。

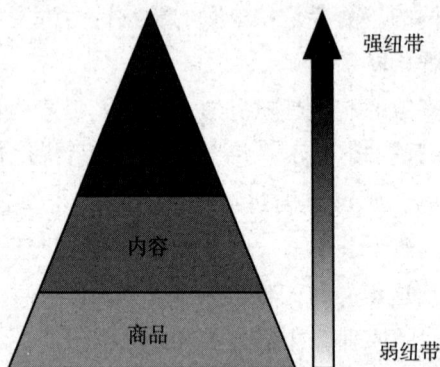

图 3 - 6　关系内涵对群体规模和纽带强度的影响

在这三种关系内涵中，以情感为核心的关系规模最小，但联系最紧密，相互影响程度最高；以内容为核心的关系规模中等，联系的紧密程度和相互影响程度也居中；以商品为核心的，则是覆盖范围大，联系松散，相互之间影响小。但就与商业模式的联系而言，以商品为核心的关系，价值主张最为明确，商业模式的建立最为清晰，而以情感为核心的，商业模式最为多样和模糊。

研究互联网媒体上人与人之间结成关系的类型，以及在不同关系中人们的相互影响，对于互联网商业模式的构建具有重要作用。因为，"传统上，经济学是研究稀缺资源的有效配置的。不过，从现代的观点看，更为恰当地说，经济学是研究人的行为的。在众多研究人的行为的学科中，经济学的特色在于假定人是理性的，在面临给定的约束条件下最大化自己的偏好。"[①] 理性人在最大化偏好时，是需要相互合作的，也会产生相互的影响。

———————

① 张维迎：《博弈论与信息经济学》，上海三联书店 1996 年版，第 2 页。

于是，经济学转向对个体的研究，转向对人与人相互之间关系的研究。"我们总是卷入到社会互动中去，在这种互动过程中，人们以相互的或交换的方式对别人采取行动，或者对别人的行动做出回应。"① 从这个意义上讲，人与人以什么样的方式结成关系，关系的紧密程度与内涵等，对于人们的行为和选择会产生重要的影响，也会对商业模式的构建起到重要作用。

---

① 戴维·波普诺著，李强译：《社会学》（第十版），中国人民大学出版社 1999年版，第 29 页。

第四章

关系类型与互联网
商业模式的构建

从互联网商业模式的发展历程来看，其演变的规律就是不断满足使用者的需求，满足其对信息的需求、对娱乐的需求、对沟通的需求。从这个意义上说，基于人际关系的商业模式，满足的是人们在网络社会中，建立小群体、形成各种关系的需求。

用户对于互联网企业来说，是决定其成功与否的关键因素，建立互联网商业模式的最高目标是需求匹配，也就是说提供给消费者他们所需要的信息，无论是情感信息、内容信息、服务信息还是商品信息。要达到这一目的，对消费者进行精确描摹是必不可少的。在已有的尝试中，很多企业尝试了关键词搜索、人群定向、语义分析等种种方式，而本研究提供了一种可能更行之有效的思路，就是通过互联网上人际关系的类型和特点，获得消费者群体不同层面的资料，以此建构商业模式。

互联网媒体的另一特点，就是使用者参与内容生产和传播，如果仅仅考虑将制作好的内容通过固定的传播方式传递给消费者，那就会忽略其自身的特点和优势。在获得消费者群体不同层面的资料的基础上，组织使用者，发挥其创造力，和在小群体中的影响力，实现组织的既定目的。这个过程是"把关系的建构作为一种文化策略来调动社会资源，借到以在社会生活中的各个领域达到目标"①。

在导论中介绍了商业模式的概念，本研究将商业模式看作是以消费者为核心，由服务流、信息流、产品流组成的体系结构。对于互联网媒体而言，因其技术的特性，这种结构是网状的，围绕着一个中心，建立若干实现价值的方式。不同的研究者对于商业模式的中心看法各异。本研究将以上述分析的关系作为中心，围绕它建立网状的商业模式。

帕特里克（Patrick）②认为商业模式的组成成分包括：

价值主张。描述顾客或合作伙伴从商业模式中得到的利益、价值。一个商业模式不是经过现有的产品，而是经由价值创造到达他的客户，价值是通过实现客户的需求来被创造的。

产品或服务。是公司和客户的链接，实现价值主张，并对客户产生承诺的利益。

价值体系结构。建立的目的是以一种有效的方式去创造承诺给客户的利益。

收入模式。包括成本结构、收入源和定价模式。价值主张和选择的价值体系结构定义了一个商业模式的成本，收入模式包含公司从什么源泉和什么方式产生收益的描述。

对于互联网媒体来说，在此框架下，商业模式的组成部分，需要做出以下调整：（1）传递的主要是信息产品，因此价值主张更需要强调消费者的利益和价值；（2）产品和服务，主要是信息服务和能转化为信息的产品；（3）价值体系结构，不能单以从消费者那里获得的现实收益来衡量，还要考虑无形资产的提升；（4）收入模式更加灵活。

综上所述，可以把互联网媒体商业模式的组成部分简化为价

① 金耀基：《中国社会与文化》，牛津大学出版社1993年版，第69~71页。

② Patrick Stähler, *Business models as an unit of analysis for strategizing*, http: // www. geschaeftsmodellinnovation. de/english/definitions. htm. 2002.

值主张、价值网络和价值实现三个部分。

　　构建互联网商业模式，首先要对消费者进行写真和分类，其次是搭建平台，为消费者提供活动的场所，最后是根据目标消费者获取价值。本研究前三章所做的工作属于第一个步骤，从人际关系的视角对中国互联网一代进行描摹和分类，主要关注的不是个体的特征，而是个体结合起来形成的具有同质化的群体的特征。第二个步骤和第三个步骤并不是一种必然的延续，企业可以单纯通过平台来盈利，也可以在已有的平台上，针对某一种或某几种已经形成的关系网制定商业模式。

第一节　搭建平台

　　搭建平台要考虑的因素是互联网关系网络中结点之间的几何形状，就是希望结点用什么样的方式结合。而平台的设计又会影响到关系网络中的规范维度，结点在每个平台上的联系不仅受到在现实社会中的价值观和规则、惯例的影响，也会受到平台这个小环境中规则的影响。下面将围绕不同案例来介绍三种有价值的平台结构：

一、多元闭合式平台

　　"腾讯"是中国第一、全球第三大互联网公司，也是一家互联网全业务公司，业务涉及即时通讯、电子商务、游戏、门户、搜索等领域。"腾讯"的构想是，做一站式互联网服务提供商。以用户为中心，围绕"腾讯QQ"这一即时通讯平台打造"在线生活社区"，也就是"用户要什么，腾讯就有什么"。

　　总结"腾讯"成功的经验，那就是它总是能够通过对QQ用户行为习惯的把握，将新产品与"腾讯QQ"这一核心业务进行结合，使其用户的优势得到发挥。"腾讯"以模仿起家，但它的每款产品都能找出市场上其他同类产品所没有的优点，如"腾讯QQ"的群和显示最近联系人功能，QQ邮箱的超大附件功能，QQ游戏平台一上线就号称能承载上千万人同时在线，QQ还解决了困扰很多IM产品的联通、电信的互联互通问题等等。"腾讯"获得突破的领域往往得益于应用层面的创新，把互联网产品当成服务来做，其目的在于"打动人心"。

在很多人眼中，"腾讯"是最接近Google的一家本土互联网公司，它们共同的特点都是多元。但相比之下，两者的多元战略有着本质上的差异，Google开发的Gmail、Google地图、Google Earth等产品都是围绕着一个核心理念：信息整合与信息呈现。而"腾讯"的核心竞争力是利用先发优势抓住了一大批用户，产品研发都是针对用户市场展开，用户喜欢什么应用，就推出什么，并没有考虑业务之间的关联性，因而对企业的未来缺乏清晰地规划。

从现有的业务来看，"腾讯"满足的主要是年轻群体的娱乐、即时通讯等浅层次的需要，使用者通过这个平台结成了平面的网，相互之间保持着经常的联系，但影响不够深入。随着网民年龄结构和心理需求的变化，会更关注心理和情感等深层次需要，这是其无法满足的。

互联网的本质特征是开放性，任何企业想凭借一己之力，满足所有的需要都是不现实的。一旦有新的产品和应用迅速占领市场，企业原有的优势就会瞬间化为乌有。

闭合式平台很容易在短期内获得巨大的收益，因为所有的开发都由企业自身完成，目的性的实现是可控的，但是从长期来说，缺乏创新的持续动力，也就难以适应技术发展的需要。

二、真实开放式平台

2017 年 7 月，根据 Facebook 对外公布的信息显示，Facebook 平台月活跃用户数已经超过 20 亿人，实现营收 91.6 亿美元，同比增长 45%，利润 38.9 亿美元，同比增长 69%。从 2004 年创立到获得 10 亿月活跃用户，Facebook 用了 8 年时间，从 10 亿到 20 亿，Facebook 又花了 5 年时间，坐稳全球第一大社交网站宝座，这也验证了开放式平台的价值。

任何"平台"能够在竞争中脱颖而出，都有其独有的脉络。Facebook 依靠的是一直被认为是中国文化表征的"关系"。其创始人马克的构想是"把 Facebook 的核心价值定位在勾勒出朋友与朋友之间的关系上。所谓的社区地图，在数字意义上就是一系列的结点和路径。结点是个人，而路径是朋友关系"。

Facebook 中人们所建立的关系，是一种真实社会关系的移植。因此，它从一开始就采取了和大多数社交网站不同的策略：对用户做限制。用户要进入这个平台除了要求有 .edu 为后缀的邮箱，还要有人推荐。这个看似苛刻的方法将网上交友的方式从虚拟拉向真实，并且以这种方式向用户宣告，这里是一个你和你的朋友，以及朋友的朋友之间取得初次联系或者保持联系的平台。

为了让这样的关系谱系更加开放，马克放弃了在平台上自主开发大的应用软件，而是致力于打造一个标准的软件基础架构，让任何人、任何组织都可以在自己的架构内为用户开发应用软件。

Facebook 还吸取了 MySpace 的小工具文化（widget culture），让第三方开发商在这个开放平台上能够更加轻易地创造有价值的应用。Facebook 因此也成为应用软件开发商迅速触及网络用户的最好方式。这是一个非常具有开放性的想法，把网站功能交付给成千上万的开发员，并且让用户自行决定使用哪些功能，从而极大地增强了用户的体验。Facebook 还鼓励用户安装自己的软件并在社交网络中运行它们。这种想法看似简单，实际上是一种革命。它使得任何一个有想法、又会点儿编程的人都可以创造可能被成千上万人使用和分享的应用。Facebook 由此成为大型多元的开放性社交平台。

Facebook 并不以盈利为唯一目的，而是希望实现多赢，由于小工具的开发者多为资金紧张的初创企业，它们往往很难在缺少平台帮助的情况下建起一个成功的网络应用。Facebook 不仅为其发展提供了机会，还鼓励开发者在小工具内安放广告从而获利。因此深受第三方开发者的认可。而第三方在其上开发复杂的应用，也使 Facebook 更加强大，至少更具吸引力。

马克拒绝硬性的广告植入，而是与大公司合作，探索令公司和客户都满意的营销策略。苹果公司对网站上的一个苹果粉丝群进行赞助，群中每增加一个用户，苹果就要支付一个美元。虽然每个月至少要支付 5 万美元的费用，但苹果公司很高兴看到自己的粉丝群有如此的增长速度，进而针对群里的用户提供折扣产品。这一系列互惠行为令用户、企业和平台都满意。

马克认为，如果建立一个目的地网站，很可能很快就会被另一个更酷的网站所取代，而建立开放性的"平台"才是他想出的可以让 Facebook 青春永驻的方法，一个没有终点的终点。越多的企业依赖 Facebook，它失败的可能性就越小。

从 Facebook 的发展可以看到一个真实开放性平台所具有的优点：

首先是开放性。即使是最聪明的人，也难以开发出能让所有人都满意的产品，任何伟大的公司，也不可能满足所有人的需要。但如果建立一个所有人都参与生产，所有人都共享成果的平台，则每个人都可以找到自己需要的，无论偏好是多么小众化。所有人都可以根据自己的兴趣爱好，找到志同道合的伙伴，建立起相互影响的关系，这是开放性的价值，而且他永远不会过时。

其次是多层次。开放必然带来多元，如果 Facebook 成为一款整合所有功能的操作平台，用户在这里，既可以共享图片、与好友聊天、发布有关自己的信息，还可以和不同的伙伴保持联系等等。满足人自身的多层次需要，也满足建立关系的多层次需要。那么，每个人花在这里的时间会越来越多。简而言之，就是任何人和任何圈子都可以在其中找到自己的位置。

最后是真实性。由于最初的设计，使得人们大多以真实的身份进入平台，用户的一举一动都被记录下来，形成完整的个人数据。这些数据不仅包括表层的统计数据，还包括偏好、行为、关系、心情等等。这些数据的商业开发将具有重要价值。

三、虚拟开放式平台

很多人小时候都玩过"过家家"的游戏，然而，谁也没有奢望过，有一天"过家家"可以成为真实的生活，并且可以玩得这么大。美国网络游戏《第二人生》（Second Life）就是在尝试这种可能。

2003 年 7 月，美国旧金山林登实验室（Linden Research）公司发行网络游戏《第二人生》。网友可以在网络上创造出自己的"第二生命"，指定游戏里的一个虚拟人物，听从自己的意志创造自己的新生活。网友可以在游戏中经商、工作、旅游等等，甚至可以进行高空冒险和去夜总会享受丰富的夜生活。目前这款游戏的注册用户已经超过 90 万。

刚开始的时候，《第二人生》和其他网络游戏并没有什么不同。网友付出金钱购买点卡享受游戏，赚取游戏里的林登币。然而随着游戏设置的不断完善，转变开始了。开发商引入新规则，游戏中积累的林登币可以按一定比例换取美元。由此，网友们不再觉得这是在玩虚拟的游戏，游戏里的成功可以真实地改变现实世界中的生活。比如，你在游戏里面是一位坐拥3亿林登币的大富翁，那么你在现实中就可以真实地拥有百万美元资产。

《第二人生》还推出越来越多的开放政策，使得这个虚拟游戏更加逼近真实。这里只有游戏规则，没有电脑预设好的情节，所有的情节完全由网友自己创造，甚至游戏场景都是由网友制作。你可以在《第二人生》里进行真实的商业交易，用真实的银行卡付款，然后收到真实的食品、书籍等。

德籍华裔 Anshe Chung 通过购置《第二人生》中的土地，盖制房屋再出售给其他网友赚取其中的差额。John Lester 在虚拟世界中创建了一块校园岛，抛弃了以网站为界面的在线教育，让《第二人生》里的网友享受绘声绘色的 3D 课堂。喜来登饭店则开始在《第二人生》中筹建新宾馆，准备迎接网友的入住。阿迪达斯和 Apparel 公司则开始在游戏中销售服饰。当然，这些交易已引起了美国国会的注意，他们正研究是否对《第二人生》征税的问题。

《第二人生》还与网络通讯服务提供商 Vivox 公司合作，向网友提供免费通话时间。使得游戏中的网友可以在游戏中向外界打电话。美国最大的在线书店 Amazon 更是进驻到《第二人生》中接受网友购买书籍。全球四大通讯社之一的路透社，也进入《第二人生》里开辟分社，为网友报道新闻。路透社总裁格罗瑟指出，在《第二人生》，我们令路透社成为新世代的一部分。我们将真实世界带入《第二人生》，再将《第二人生》带入真实世界，在这个社群担当主动积极的角色。

　　在《第二人生》中"居民"几乎自己创造每一样东西，从虚拟店面和夜总会到服饰、交通工具以及游戏中的其他东西。林顿实验室则负责社区管理，确保基础设施正常运转。事实上，在整个游戏中，林顿实验室只生产了不到1%的内容，而现在它每天能从使用者那里获得23000小时"免费"开发的成果。

　　对于林顿实验室来说，他们的目标是建立一个巨型的、随心所欲的、顾客驱动的经济体。

　　网络游戏的发展中最令人激动的莫过于大型多人在线游戏，游戏会为玩家创造出虚拟的实境，是另一种现实生活。在游戏中，参与者共同创造故事，由于故事本身并没有封闭的框架和必然的结局，就更满足了人们探究的欲望。这种游戏好比人生，千变万化，没人知道明天会发生什么。

　　从收益上来看，多人在线游戏不仅可以每月定期收取会费，还可以销售虚拟和实体的产品，这是一个巨大的市场。

　　很多人会把现实世界中的圈子带入到虚拟世界中，例如，在"第二人生"中，一些公司买下属于公司的岛屿，在上面进行培训或开会，虽然人人都还在办公桌前，但体验到的感受是明显不同的，这些岛屿还可以成为虚拟世界中的广告牌，让参与游戏的人都能看到，从而成为公司形象构建的一部分。这里的关系网和现实生活中的一样有效，但更加紧密更加有效率。

　　互联网上的游戏世界是一个可以记录的世界，这有重要的意义。从商业角度来看，可以通过对玩家行为的记录，精确测量玩家对营销活动的反应，甚至可以清楚地计算出投资回报。从社会角度来看，可以呈现出游戏的参与者对现实世界的愿望，毕竟在虚拟世界中，人受到更少的限制，可以活出自己本来的样子。通过游戏观察玩家如何改造和设计他的生活，就可以了解他们对现实世界的看法。

随着移动互联网技术的发展，游戏的连接性不断提高，会形成更为深入的参与度。移动互联网技术使上网变成可以随时随地、二十四小时不间断进行的活动，在游戏中，无论你是为了要打败对方还是为了和他人保持联系，社会交往都是重要的目的，很多人渴望即使是在睡梦中，虚拟的自己仍然可以在另一个世界中活动，这种渴望推动了虚拟实境游戏的发展。

对于这类游戏的玩家来说，游戏不是一种逃避，它是现实世界的高级版，人们可以在游戏中实现许多自己在现实中想做却无法实现的事，例如，塑造一个更有能力的自己，可以不受环境的约束追求自己喜欢的东西，和看着顺眼的陌生人交朋友等，因为任何行为和选择的后果都不像在现实生活中那么严重，但体验又是真实的，这对所有人来说都是一次奇妙的旅程。从商业的角度考虑更是具有重大的价值，不但能根据游戏的设计卖出各种虚拟和实体的商品，还因为满足了人们的即时需求，增加了现实世界品牌的美誉度，例如，在游戏中，招牌、广告牌、霓虹灯是实景的组成部分，如果所有的招牌都是可以点击的，不仅可以让游戏中的体验更为真实，还可以产生很好的经济收益，尤其是在竞技类和运动类游戏中；而游戏中的订餐服务更是真实地满足了许多沉迷于网络的用户的需要；游戏中还可以设置真实的商店，或是转播真实的电视节目，这些创意使游戏开发者、厂商和玩家获得多赢。即使在游戏中既不销售虚拟商品也不销售实体商品，仍可以把这里作为一个促销和推介的好地方，产品试用和对新产品功能的介绍，会在虚拟空间里引发讨论。在未来，不同的大型多人在线游戏甚至可以相互结盟或对抗，就像现实中的国家一样。

对于任何一种类型的平台来说，稳定性都是非常重要的，毕竟消费者的互联网消费习惯不太容易在短时间内发生改变，尤其是对那些处于一个稳定而紧密的群体内部的消费者而言。

而更为重要的是开放性，开放性的平台让人们参与其中，贡

献智力也找寻到归属感，同时还可以像现实生活一样充满未知和
惊喜，但却比现实生活更能容忍失败和个性化的东西。

第二节　根据关系类型建立商业模式

　　能够搭建起平台的企业毕竟是少数，更多的组织不是一个新
世界的创造者，而是在世界中找寻适合于自己的位置。对于很多
企业来说，在已有的平台上，寻找有价值的圈子，根据不同圈子
的关系结构特征，建立起有效的商业模式，是更为现实的选择。
　　但无论是选择哪一种方式，都要让消费者参与进来，发挥其
主动性。保罗·马克莱（Paul Markillie）在 2005 年 5 月的《经
济学人》上发表的《终会加冕》（crowned at last）中提出，一直
以来，"消费者为王"只是句空泛的口号，数字化技术的出现却
将这变成了现实。互联网给予了消费者更多的主动权，使其可以
不受时间和地点的限制购买商品和享受服务。
　　互联网一代和上一代相比，对自己的需要有更加明确的认
识，因此他们愿意参与到产品或内容的制作中去，发挥自己的想
象力；对于产品或内容的开发者来说，提供一个开放式的平台，
让消费者来修改细节，或者组合配件，也是一种多赢的举措，当
然这对于消费者本身的主动性和动手能力都有很高的要求。"新
媒体的出现改变了传媒产业的内容生产方式，用户生产内容正在
成为传媒产业通用的内容生产方式。在商业模式上，新媒体强化
了用户的主动性，因此经济理论和商业模式都要随之进行调整和
创新。"[1]
　　根据第三章对于关系结构的分析，以结点之间联系的紧密程

---

　　[1]　熊澄宇等：《中国新媒体与传媒改革：1978～2008》，清华大学学报（哲学社
科版），2010 年第 1 期。

度作为纵轴，以关系的内涵作为横轴，形成如图4－1的关系结构图。

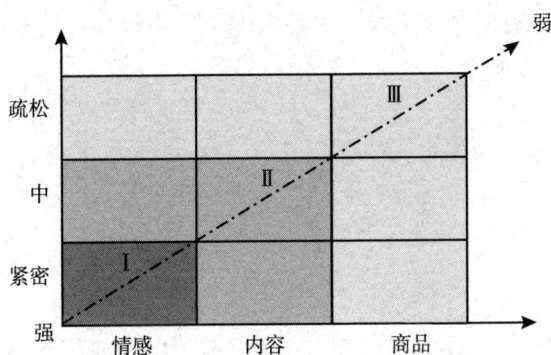

图4－1　互联网关系的三种类型

从特点上看，Ⅰ型关系结构的特点是：以情感为核心，连接最为紧密，结点之间的相互影响最强；Ⅱ型关系结构的特点是：以内容为核心，结点之间的联系适中；Ⅲ型关系结构的特点是：结点之间以商品为核心建立关系，联系疏松。分别根据这三个区域的不同特点，寻找相应的商业模式。

一、围绕Ⅰ型关系建立的商业模式

Ⅰ型关系群体通常规模比较小，成员之间联系紧密，容易形成密集的交往，因此也就形成了更有效的传播环境，更容易形成趋同性的思维，群体内部的成员对某一事情容易达成一致的观点。容易形成相同或相近的购买和使用选择，从可收集到的数据的类型看，可以通过对消费者在网络上的自我展示和朋友关系，对群体内部成员进行深入、具体的描摹，不仅可能获得基本的统计资料，还有可能获得偏好、心情等个别性的资料。

在围绕Ⅰ型关系群体建立的商业模式中，价值主张是满足Ⅰ型关系，并引导小群体内部的传播；价值结构包括：建立群体内

部成员的个别档案、选择平台及平台组合、提供能引起情感共鸣
的内容、引导消费者在小群体内进行病毒营销、根据群体成员的
个别档案，为其提供互联网使用的一站式服务，根据消费者新的
行为优化已有的数字内容。价值实现主要依赖整合信息服务，具
体如图4-2所示。

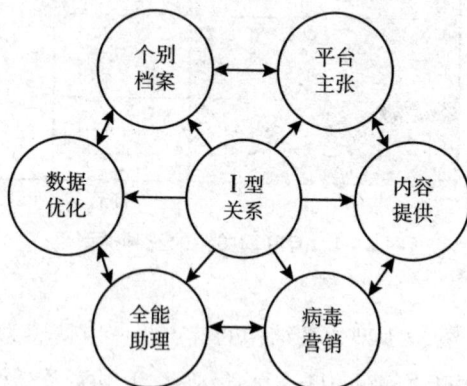

图4-2　围绕Ⅰ型关系建立的商业模式结构

建立群体内部成员的个别档案：通过成员之间公开的资料和
交往方式，可以获得更多消费者心理和情感层面的数据，如偏
好、一段时间的心情、喜好什么样的表达方式等等。根据个别档
案，满足个别消费者的多重需要。

平台主张：主要是选择社交网站、博客、即时通讯等Ⅰ型关
系群体活跃的平台。

内容提供：能引起情感共鸣的内容。

消费者参与：在小群体内进行病毒营销。

全能助理：根据群体成员的个别档案，为其提供互联网使用
的一站式服务。

数据优化：根据消费者新的行为优化已有的数据内容。

价值实现：整合信息服务收费。

Ⅰ型关系群体还可以细分为以情感为关系内涵和以兴趣为关系内涵两种。对于以情感为核心建立的小群体来说，病毒式营销是一种非常适用的方法，病毒式营销就是通过说服消费者向他人传播你的消息和产品，实现既定的目的。病毒的特性在于可以刺激宿主产生行动，再传染给其他容易被感染的宿主；同样的道理，成功的病毒式营销提供消费者想要分享的事物，由于内容本身所具有的吸引力，在不需要付费的情况下，消费者就会将内容传给任何他们觉得会欣赏它的人，从而实现大范围的快速传播。以情感为核心的Ⅰ型关系群体内部成员，更了解彼此的喜好，因此，更能实现有效的病毒式营销。

目前被广泛使用的病毒式营销的素材是视频短片，以其娱乐性和很酷的创意来实现免费大规模传播的目的。如"春天里"的视频，80后的怀旧短片等，这种传播的方向很难控制，但至少有一些基本原则可以遵循，而在不确定中寻找确定本身就是互联网的魅力所在。

首先，病毒营销的成败依赖于有吸引力的内容。有趣的、有信息量的内容比较容易被传播，尤其是那些可以引起共鸣或广泛讨论的内容。内容的选择深受时代和社会的影响，两个80后的男孩发布的网络视频，对嘴后街男孩的《只要我爱你》，并把自己取名为"后舍男孩"，这段视频因其轻松搞笑的方式和非主流的调调，在网络上快速传播。随后，他们又与百事可乐、摩托罗拉等公司合作，推出了明显具有广告意味的视频内容，依然受到广泛的关注，有6000万亚洲各国的人看过他们的视频。找到了有吸引力的内容，还要思考如何将对产品和品牌的推广融入到内容中去，并且不露痕迹，毕竟无目的的或偏离目标的广泛传播，是形成不了商业价值的。

其次，选择核心的目标接收者，并对他们的圈子和特征进行深入研究，锁定目标人群，可以在紧密型小群体内部首先发布病毒的内容，他们是最易感的人群，然后逐渐向外层扩散。分享本身就是互联网传播的重要特征，很多人都愿意和朋友分享一些自己感兴趣的东西，以情感为核心的小群体是病毒传播的沃土。

但应该注意的是，病毒营销之所以能够成功还依赖于传播的无成本，不能让人感觉到传播这个是件很麻烦的事，内容不能占用太大的空间，也不能太复杂。

除了内容外，使用方式的扩散也具有病毒营销的特征，电子邮箱、即时通讯、社交网络、软件本身都是一种较为持久的病毒营销方式，以 163 为例，在建立网站之初就推广免费的"163 邮箱"，当时的大学生出于好奇心又考虑到无成本，几乎人人都注册了邮箱，经过口口相传和示范推荐，成为广泛联系的一种工具，又因为经常要收发邮件，产生了使用的黏性，对吸引用户起到了很好的作用。即时通讯和社交网络更是因为联系的便利，一个人成为用户后，他的朋友、朋友的朋友都成了用户。杀毒软件更是如此，因为它对于保护电脑有重要的功能，很多非专业的人要依赖于此，杀毒软件的广泛传播和定期升级就成了大多数人绕不开的东西。

病毒营销主要是由顾客传递信息并寻找目标市场，往往比营销人员的寻找更加精准，因为朋友之间更容易知道对方喜欢的是什么。这种传播方式更像是数字化时代的口口相传。"在同一个群体内部，成员之间因为有一定的共性，经常会做出相近的选择，同时还会相互影响，使选择更趋于一致性，并提升忠诚度。"①

对于依靠兴趣建立起来的小群体。他们是因为对某种东西有着近乎偏执的喜爱而聚集到一起的，那么与此相关的所有衍生产品和信息都是这个小群体关注的重点。以"虎扑"为例，它是一家专业的篮球网站，但它不仅提供篮球相关的消息，还是一个爱好者的互动平台和篮球相关产品的销售平台。在这里使用者不

---

① 丹尼斯·麦奎尔著，刘燕南等译：《受众分析》，中国人民大学出版社 2006年版，第 2 页。

仅可以了解到 NBA 和 CBA 的各种资讯，还可以买到相关的装备，在步行街版块讨论一切篮球的与非篮球的话题，约战和玩游戏。"网站上的人，本来都是不认识的，后来因为经常遇到就互相熟悉起来，我们在上面交流看法，也会买一些感兴趣的东西。因为自己喜欢篮球，所以每天都会在上面花些时间。"[1] 在这里，所有的信息和产品都围绕着兴趣被整合，这对于企业和用户来说是共赢的。

兴趣小群体还是新产品推广的好地方。杰弗里·摩尔（Geoffrey Moore）在《跨越鸿沟》[2] 一书中指出，新产品想要成功推广，最关键的阶段就是将早期的使用者变成早期的大多数的时期，早期的使用者不需要完整的产品，他们只需要核心产品，并且有宣传产品、与人分享的热情；而早期的大多数是实用主义者，他们需要接受完整的产品，并实际使用它。对于一个公司来说，他们不会把产品的信息直接传达给主流人群，而是会先攻克能让公司的产品生根的小缝隙人群，如果这些缝隙人群觉得这个产品有价值，就会介绍给他们的朋友，这样一来就会在更大范围内传播。

比如高科技的新产品一般都是在发烧友中先流行起来，他们试用并在相关论坛上交流，如果对产品比较认同，就会在朋友圈子中推广，进而影响普通消费者。由于发烧友本身在这个领域倾注了大量的时间，有一定的研究，朋友也会非常接受他们对于产品的评价。在这种核心圈向外层推广的过程中，先使用者的个人气质会给产品附加其他的价值——酷、新潮等。如著名工业设计师阿米特说："苹果伟大的贡献，在于它证明你能通过贩卖情感而成为亿万富翁，证明设计也是一种有效的商业模式。"

---

[1] 陈志，25 岁，建筑设计，访谈时间：2016 – 12 – 15。
[2] 杰弗里·摩尔著，赵娅译：《跨越鸿沟》，机械工业出版社 2009 年版。

Ⅰ型关系群体小而紧密，企业可以通过他们的朋友路径和彼此之间展示的内容，建立更深层、更全面的使用者档案，围绕使用者档案，提供全方位的整合信息服务，并引导消费者参与到企业的销售和推广活动中去，实现收益。

二、围绕Ⅱ型关系建立的商业模式

Ⅱ型关系以内容为核心，关系内成员之间的相互影响程度适中。内容的传播是最能体现互联网媒体特征的部分，也是它和传统媒体联系最为紧密的。但互联网媒体的内容传播体现出极强的自身特点：首先，消费者参与内容的创造，并且贡献的内容量远超过新闻组织提供的，因此，组织内容的生产，达到既定的传播目的，就变得十分重要；其次，机构提供的内容，不仅要考虑传播方面的因素，还要考虑链接方面的因素，可以把更多的内容和商品信息纳入到其中。再次，群体内成员之间的影响力是不同的，需要寻找群体中有影响力的意见领袖，发挥其作用。

在围绕Ⅱ型关系建立的商业模式中，价值主张是根据Ⅱ型关系的特点，组织内容生产，实现有效传播；价值结构包括：建立群体内部成员的内容档案，选择平台及平台组合，推广他们可能最感兴趣的付费内容和与感兴趣的内容风格近似的产品信息，吸引消费者参与内容生产，根据消费者选择、创建和传播的内容，优化其档案。价值实现主要依赖于付费内容和广告，具体如图4－3所示。

建立消费者的内容档案：了解消费者喜欢什么样的数字终端，上哪些网站，有哪些需要特别注意的使用习惯，内容偏好有哪些，什么是这个群体感兴趣的内容，以及消费者自创的内容。

平台主张：选择以承载内容为主的大型开放平台，如门户网站、论坛、博客、视频网站、游戏等。

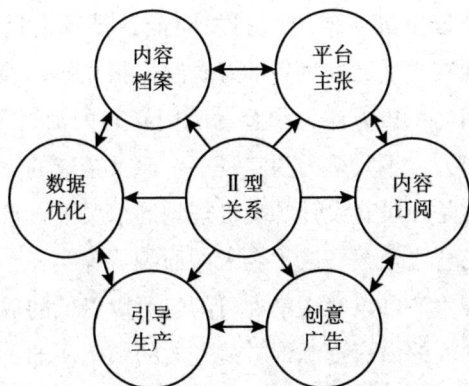

图 4 - 3　围绕 II 型关系建立的商业模式结构

内容订阅：在 II 型关系中推广他们可能最感兴趣的付费内容。

创意广告：与感兴趣的内容风格近似的产品信息。

引导内容生产：上传开放性内容，吸引消费者参与生产。

数据优化：根据消费者选择、创建和传播的内容，优化其档案。

价值实现：付费内容和广告。

在围绕 II 型关系形成的商业模式中，引导内容生产是最具特色的部分。在用户处于主导地位的互联网传播模式中，无论是新闻内容的发布者还是广告内容的发布者，都不再可能严格控制传播的方向，因此放权也是一种必然的选择，但对于传播覆盖的用户类型和范围，可做出大体的估计。

科技的发展使得一些工具变得越来越容易操作，为消费者参与内容生产提供了可能，例如，有网站将大量电影素材上传，人们可以根据自己的构想对素材进行剪接，完成不同的成品。正是科技的民主，推动了社会的民主。为什么人们愿意参与到产品的创造中去呢？因为很多人上网的目的都是为了打发时间，尤其是坐办公室的白领，每天一上班就打开电脑，工作留下了大量的空闲时间，于是，他们会选择用购物、浏览新闻、在即时通讯平台上聊天、在论坛上灌水等方式打发时间，排解太过寂寞的不适感，满足对现实生活之外世界的好奇感，很显然，参与创作和设计是打发时间的积极方法，很容易吸引年轻的消费者。"互联网络之所以吸引人，不只是因为它是一个遍及全球的大众网络，而且也是因为它是在没有设计师负责规划的情况下，自然演变而成的，就好像乌合之众般形成了今天的面貌。"①

组织内容生产可以实现三种目的：可以以低的成本获得内容资源，并且这样的内容资源常常是开放的和优质的；可以吸引更多的人关注，毕竟人人都会对自己参与的东西倾注更多的心血；可以获得参与者的内容数据，更多地了解他们的需要。

如同任何一个经济系统中的约束与激励机制一样，要始终保持消费者参与创造的积极性，就要保证他们能够分享到自己创作的所有权和成果，这样才能保障有一个动态的、富饶的系统来支持源源不断的创新。

对于组织提供的内容，则要考虑互联网的传播特征。这里所说的内容，不仅是传统意义上能够吸引眼球的内容，更重要的是带来一种联动的效应。比如在赢利模式方面，内容本身就是一种模式，它可以引发读者对相关信息的关注，通过内容的互动产生更多的商机、链接更多的资源。因此，互联网媒体要重视内容的原创，其生产方式不应该还是建立在对传统媒介内容的采集、编辑、整理上面，而是应该通过内容的创建，用强势的资源、品牌、内容带动相对弱势的资源、内容，从而形成一个资源网，将所有的资源分类囊括进去，充分实现各种资源的价值。

寻找意见领袖。在Ⅱ型关系中，结点之间的影响力并不是均等的，意见领袖的行为或传播的内容能够在他所处的小群体中，起到很好的示范作用。所以，需要寻找和研究博客、论坛中的意

---

① 尼古拉·尼葛洛庞帝著，胡泳、范海燕译：《数字化生存》，海南出版社1997年版，第211页。

见领袖，与他们首先形成互动，对其创作的内容产生影响，进而影响小群体中的其他人。

三、围绕Ⅲ型关系建立的商业模式

Ⅲ型关系中结点与结点之间的联系相对松散，影响力也较小，但关系的内涵是以商品为核心，所以对于商业模式的影响最为直接。在Ⅲ型关系中还可以细分为以品牌为核心的关系和以单一商品为核心的关系，前者的联系相对稳定和紧密，后者则更为短暂和松散，在商业模式的考量上也会存在着差别。

在围绕Ⅲ型关系建立的商业模式中，价值主张是商品信息的整合，商品的推广和销售；价值结构包括：建立群体内部成员的一般档案，选择平台及平台组合，提供商旅服务、汇总各种商品和服务信息，推广消费者可能感兴趣的商品并提供安全方便的支付和物流方式；根据消费者新近的购买情况优化数据。价值实现主要是通过中介服务收费，具体如图4-4所示。

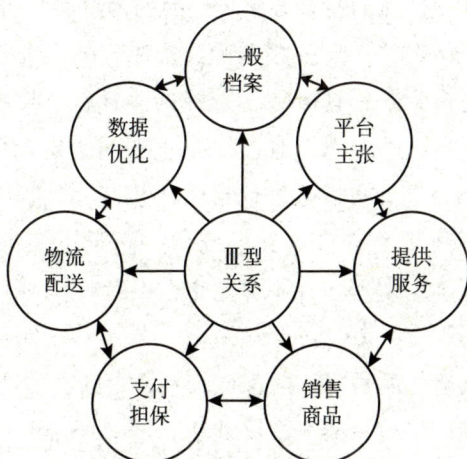

图4-4　围绕Ⅲ型关系建立的商业模式结构

建立消费者的一般档案：收集人口统计学的信息和交易行为

的信息，了解消费者对促销和营销活动的回复情况等。

平台主张：电子商务平台。

服务：商旅服务、提供各种服务查询和评论的汇总。

商品：销售或推广。

第三方担保：支付和赔付方式。

物流：货运的时长和方式。

数据优化：根据新近的购买情况优化数据。

价值实现：中介收费。

互联网一代拒绝单向的营销，他们习惯于沟通，在其成长的过程中已经面对了太多的广告和营销，这培养了他们的分辨能力。他们希望在自己选择的时间、地点、通过自己选择的方式买到适合的东西，商品和服务的终极目的不再是实用性，而是为人的愉悦感服务的。因此，市场的规则必须重新制定，企业在市场中已经不再居于支配地位，购买者才是。

这一代人习惯于在海量信息中分辨对自己有用的信息，也习惯于沟通和互动，他们会多方比较产品的信息，尽可能弄清事情的真相。在受访者中，大多数人选择产品时，会非常看重创意，要有意思、与众不同；其次在乎选择的多样性和服务是否快捷。她们希望根据自己的时间、地点，通过自己的选择和比较来购买商品。人们还会毫不吝惜地表达自己的喜好，"太棒了，虽然总分是五分，但我想给它打六分"或者"我觉得颜色不太好，再亮一点就更好了"等等，在不自觉中，买者参与到了产品的推广和创造中。

Ⅲ型关系群体的规模一般都比较大，大的群体通常联系都不紧密，却容易产生詹姆斯·索罗维基（James Surowiecki）所说的"群体的智慧"①，他认为，成员不相连接的分布式群体经常具有

---

① 詹姆斯·索罗维基著，王宝泉译：《群体的智慧：如何做出最聪明的决策》，中信出版社 2010 年版。

找到更好答案的种种方法，其途径在于汇集各人的知识或直觉而无须达成一致意见。如何有效开发群体内部的关系，这依赖于两个很重要的因素：群体的规模和互动的时长。

在以品牌为内涵的Ⅲ型关系中，要将产品与生活方式相联系。生活方式是一种消费模式，它反映了一个人选择如何使用时间和金钱。从经济学的角度看，一个人的生活方式代表了这个人所选择的收入分配方式，包括在不同产品和服务中的相对分配，以及在这些品类里所进行的特定选择。[①]

人们会根据自己喜欢做的事、喜欢打发时间的方式，以及所选择的使用可支配收入的方式将自己归入到不同的群体中。不断增加的垂直网站和论坛、群满足了人们的这种选择，大众媒体走向式微。而这种精细的选择，可以为市场细分策略创造机会。无论是消费者购买的产品类型，还是对具有特定生活方式的消费者具有吸引力的品牌，消费者对生活方式的选择都起着巨大的作用。

一个群体对于品牌的青睐，不仅仅是可支配收入的分配，它还是个人在社会中是哪种人和不是哪种人的声明。群体成员的自我界定源于群体所归属的共同的象征体系。这些界定可用很多术语来描述，包括生活方式、公众品味、消费者群体、象征性团体和文化身份。[②]

商品和品牌成为自我的延伸和一种外在的表现，"我希望自己是什么样子？希望别人怎么看待我？"通过使产品和某种现存的消费方式相适应来为产品定位，让消费者能够以他们选择的方式享受人生并表达自己的社会身份。

对于基于商品形成的短暂群体，同类消费者的协同过滤起到

① Benjamin D. Zablocki，Rosabeth Moss Kanter：The Differentiation of Life – Styles，*Annual Review of Sociology*，1976：267 – 97.

② 迈克尔·R. 所罗门，卢泰宏著：《消费者行为学》（第六版），电子工业出版社 2006 年版，第 195 页。

重要作用。互联网经济中的长尾效应，意味着无限利基，重要的是寻找到适合利基的产品和与利基相关的传播方式。

<hr/>

第三节 关系的流动性与商业模式的动态转变

上述对于互联网消费者的三种划分，并不是一个绝对的标准。从关系的内涵上看，以商品结成关系的个人，在经过时间的发酵后，有可能成为志同道合的伙伴，最终结成以情感为内涵的关系，以情感为内涵的紧密关系，也可能会随着时光的推移，而变淡……从群体规模的角度来看，大型群体和小群体并不是截然区别的，很多时候是一种相互包含的关系，因为很多大型群体都是由嵌入其中的小群体的活动来支撑的，"豆瓣网"就是个很好的例子，很多人使用豆瓣网，但都分布在不同的讨论组中，彼此并没有发生直接的联系。这样的一种大群体与它的次级群体的组合形式，在互联网关系中最为常见。因此，互联网上的关系结构是一种大致的划分，并且具有很强的流动性。

一、关系流动性产生的原因

不同时间段消费者需求层次的变化，导致关系结构的流动。在人的不同成长阶段，关注的重点会不同，从购物的方式、到信息使用的方法，再到与他人结成的情感关系。就一个群体而言，群体内的成员也会受现实世界中周围环境的影响，发展过程无法同步，随着时间的推移，产生偏好上的差异。中国哲学中讲"分久必合、合久必分"，各种关系也是在建立和分解中寻找平衡。

打破旧有关系的成本降低了，也导致了关系的流动。在互联网时代，我们的容忍度为什么下降了？再也无法忍受那些不喜欢的东西和人。这是因为在传统的商业领域，生产任何东西都需要成本，这就造成了次等品也会被接受的系统倾向。关系也是一样，传统社会中，人的环境相对固化，挣脱需要很大的勇气，并且要面对很多未知的风险，因此大多数人会选择隐忍。但就网络关系而言，当相识和打破的成本变得很低，人更容易寻找自己喜欢和认同的东西。

关系的流动有利于创新。传统组织的连续性和固化，使得低水平重复得以被包容，一定程度上阻碍了创新。罗纳德·伯特通过对一家公司管理层的创新能力缺乏的实验性观察，验证了一个结构社会学的理论：即人们通常喜欢与和自己相类似的人来往，形成社会群体，也就是所谓的同质偏好。用中国的俗语来表达就是"物以类聚，人以群分"。这样，一个群体（如部门、公司、机构、朋友圈）内部的同质性就会高过群体外部，也高过群体之间。于是群体内部就会自然产生趋同化的压力，排斥不一样的观点。但如果有人走出自己所在的群体，参与到其他群体中去，就可以为不同群体间的交流和沟通搭起了一座桥梁。而这个走出者本人由于"兼听则明，偏听则暗"，拥有了更多元的视角。伯特认为，那些在人际关系中跨越了不同群体的人，能够较早接触到多种多样甚至时常相互矛盾的信息和判断，这使得他们更容易产生好的创意。"与外部群体相连接的人之所以能够提出有价值的主意，似乎他们拥有创造性天赋。不过这种创造力并非源于深不可测的智能，而是更接近于进出口业务的性质。一个群体中的普通主意对于另一个群体而言，可能是一个创意无限的洞见。"①

上述因素使得互联网中的关系处于不断的变动中，与之相连的，商业模式也需要进行相应的改变。当然，这只是考察商业模式变动的一个角度，会导致其变动的因素还有很多。在有关互联

---

① Robert Bonar, The Social Origins of Good Ideas, *American Journal of Sociology*, 2004.

网媒介商业模式的研究中，虽然考察的具体内容和方向不同，但皮卡尔（Picard）[1] 和陈·奥姆斯特德等（Chan – Olmsted et al.）[2] 的研究都表明了，互联网媒介的商业模式处在不断的演变和发展中。

二、关系的流动性对商业模式的影响

面对变动的关系，需要做的是寻找关系结构变化的规律，即什么是变化快的，什么是相对稳定的？什么是阶段性的，什么是代表发展方向的？

对于不同类型的关系网络来说，其流动的速度是不同的。越是紧密型的关系，变化的速度越会相对较慢，而对于松散型的关系而言，其变化和重组则要快得多。关系的变化还会受到关系中成员年龄结构的影响，成熟的人各种偏好都相对趋于稳定，年纪越轻的人，越容易变化。关系的变化也会受到技术发展的影响，技术不是越复杂越好，那些能满足人们内在需求的，才会吸引到更多的人。

由于互联网的技术应用还在不断地向前发展，使用方式和人们聚集的方式也在不断地发生改变。因此，商业模式的建立是基于阶段性的需要还是基于发展的趋势，对决定其成功与否至关重要。并不是先发就一定具有优势，也并不是投入就总是有回报。只有那些能够满足使用者需要，并且以开放性的设计不断满足使用者多种需要的商业模式才具有持久的竞争力。

任何商业模式都有其适合的环境和生存土壤，都会有一个萌芽、成长、成熟和衰退的过程。商业模式会随着外界环境的变化

---

① Picard, R. G., *The Economics and Financing of Media Companies*, New York: Fordham University Press, 2002.

② Chan – Olmsted, S., Ha, L., Internet Business Models for Broadcasters: How Television Stations Perceive and Integrate the Internet, *Journal of Broadcasting and Electronic Media*, 2003, 47（4）: 579 – 617.

而演进，从而显示出生命周期的阶段性特点。"当现存媒介拓展了互联网知识并通过满足消费者需要而产生收益时，它们就能维持一个创造利润的商业模式。"[①]

创造利润是建立互联网商业模式的目的，但互联网的激动人心之处远不止这么简单，它带来了一种新的生产方式，那就是在无组织的情况下群体可以参与生产，并创造出巨大的社会和经济价值，企业或媒介组织如果能够超越商业来看待互联网上的新的生产方式，将获得更大更长期的利益。

互联网改变了社会的权力结构，就商业领域而言，权力从生产者手中转移到了消费者手中。因为商品信息更加丰富，商家想获得超额利润没有那么容易。商业领域的权力转移是更大范围、更深刻的权力转移的基础。

---

① 哈筱盈、理查德·甘那主编，杭敏、刘丽群编译：《全球网播：新媒介商业运营模式》，清华大学出版社2009年版，第11页。

第五章

影响互联网商业模式的
其他因素

  影响互联网商业模式的因素有很多，但因为互联网提供的产品是信息产品，受到实体经济的影响相对较少，消费者被认为是影响互联网商业模式的最重要的因素，本研究也正是基于此展开的，并且落点在消费者结成的各种小群体关系上。但这只是提供了一个研究的角度。除此之外，技术因素、媒介规制、隐私问题、使用者的知识层次也是影响互联网商业模式建构的重要因素，只是在本研究中，没有把这些作为决定性的因素，而是当作修正因子，来考察其对于商业模式的影响，本章就是对这些因素进行分析。

第一节　技 术 因 素

  移动互联网被认为是互联网技术继续发展的一个方向。年轻人用手机听音乐、聊天、上网，手机变成了一台小型电脑，移动互联网与互联网相比最大的好处就是随时随地，这对于看重自由的互联网一代来说，是个很大的吸引力。而对于游走于城乡之间的新一代打工者来说，更是一种便利的工具，因为在农村地区，接入宽带是件成本比较高的事，并且很多人在农村停留的时间短，没有接宽带的必要，移动互联网就成为他们在回乡过程中与外界联系的工具。因此，移动互联网在中国的发展是主客观两种因素共同作用的结果。

一、移动互联网发展迅速

移动互联网是指通过无线终端利用各种无线网络进行数据交换。它充分综合了移动通信技术的"移动"特点和互联网的开放性，实现了人们随时随地不受任何限制地进行人与人之间、人与机器之间通信的梦想。[①] 它和以 PC 为输出端的互联网相比，具有更加便利、复杂和开放的特点。

近年来，全球许多大型移动运营商与互联网公司合作，陆续推出各种新型的移动互联网业务，其中最为突出的是和记黄埔旗下的"3"公司于 2007 年初开始在全球主要市场相继推出了以 X – Series 命名的移动互联网业务，该业务网罗了全球最受欢迎的移动互联网应用及合作伙伴，以包月制的资费模式，为用户提供 VoIP、移动 IM、移动搜索、移动拍卖等一系列互联网应用。[②] 移动互联网良好的发展前景吸引了众多互联网公司和终端设备公司的加入，前者如 Google，已经与多个移动运营商在移动搜索领域展开合作；后者如诺基亚，开发了若干移动互联网应用软件。[③]

日本可以称得上是移动互联网业务发展最好的国家之一，其移动数据业务收入约占全球 40% 的份额，接近三分之一的日本人使用移动互联网业务，其中 80% 在 3G 终端上使用。[④] 我国的移动互联网应用也发展迅速，统计显示，截至 2018 年 6 月，我

---

① 王艳：《基于生态学的运营商移动互联网商业模式研究》，北京邮电大学 2008 年博士学位论文，第 56 页。
② 吕成华、左娟：《移动互联网商用模式剖析》，载于《通信世界》2007 年第 10 期。
③ 刘辉、汪卫国等：《三大主流业务激活移动互联网应用》，载于《世界电信》2008 年第 2 期。
④ 汪卫国：《电信研究院：日韩移动互联网发展扫描》，载于《中国新通信》2007 年第 7 期。

国网民规模达到 8.02 亿，其中 2018 年上半年新增网民 2968 万人，互联网普及率为 57.7%。手机网民规模达到了 7.88 亿，占据了网民数量的 98.25%，提速降费政策稳步实施推动移动互联网接入流量显著增长。网购用户和使用网上支付用户达到 71%，网购和互联网支付已经成为人们重要的生活方式，手机网民中使用移动支付的比例达 71.9%。此外我国互联网理财使用率 2018 年 6 月提升至 21.0%，互联网理财用户增加 3974 万，半年增长率达 30.9%。[①]

二、移动互联网与互联网技术的比较分析

和互联网相比，移动互联网在技术上最为突出的特性是可以随时随地在线，也就是说一天 24 小时、一个星期 7 天不间断，并且不受地点的限制，这使得每个人在网上的立体性增强了。但同时，受到接收终端和带宽资源的限制，移动互联网更偏好小容量和简单的内容。表 5-1 是互联网和移动互联网的比较：

表 5-1　　　　　　互联网和移动互联网的比较

	互联网	移动互联网
网络	xDSL/FTTx+LAN 等	2.5G/3G/Wi-Fi 等
终端	PC 机等	手机/PDA 等
目标客户	计算机通信用户群	移动通信用户群
消费者偏好	多样性、大容量、高速	个人性、私密性、永远在线
主要业务	信息、通信、娱乐、商务等	通信、娱乐、商务、位置服务、信息推送、信息等
平台特征	开放、松散	开放、紧密

① 中国互联网络信息中心：第 42 次《中国互联网络发展状况统计报告》，国务院新闻办公室，2018 年 8 月，http://www.cac.gov.cn/2018-08/20/c_1123296882.htm.

从经济特征的角度分析，移动互联网进一步强化了规模经济和范围经济的特征，并具有更为明显的外部性：将有更多的用户，和厂商被吸入这个经济结构中去。增加的用户会吸引更多的以自我为中心，处于各种关系结构中的人的进入，用户的数目会成几何级数增长；移动互联网支持 24 小时在线状态，用户自身可以全方位卷入，这会引发更多的需求，结成更多的关系群体。从厂商的角度看，首先是与信息经济相关的厂商，大规模的进入，满足不同人多种的需求，然后是互补性产品的厂商，最后，所有厂商都可以纳入这个价值结构中。从理论上讲，移动互联网上可以实现现实世界经济的全面移植，但结构方式会有所不同。

移动互联网是由技术发展推动的互联网新的应用形式，与互联网具有一脉相承的很多特点，从很多方面来说，是修改、调整和补充，而不是颠覆。同时两者之间又体现出巨大的差异性，因此，会长期共存，各自发挥自己的技术特征。

三、移动互联网对商业模式的影响

从商业模式角度看，移动互联网会体现出如下的创新：

（1）更加关注消费者。移动互联网是明确的以每个人为结点，而不是以每个 IP 为结点，消费者的个性化、立体化、细分化会体现得更为明显。可以围绕着消费者打造的全方位的立体化服务。

（2）信息整合成为创造价值的一种重要方式。通过对小群体消费者全方位数据的收集，建立全面的数据资料库，根据资料库的相关内容整个信息，提供给消费者，这会成为创造价值的重要方式，尤其整合与地点相关的数据资料，是移动互联网的优势。

（3）实现共赢。移动互联网的发展方向是成为全能助理，满足个人和小群体的全方位需要，这是单个企业难以完成的，需要企业之间的信息共享，发挥协同效应，形成共同为顾客提供价值的网络。这会成为企业独特的竞争优势，但需要建立合理的利益分配机制，形成有效的激励和约束。以"人人网"为例，诺基亚、摩托罗拉等手机巨头已先后与其合作，进入移动 SNS 市场。而"人人网"等 SNS 网站也不断推出基于 iPhone、Android 和 Java 的开发平台。移动互联网的技术特征可以令 SNS 的 web 2.0 特性发挥到极致，而且将促成 SNS、移动运营商、手机厂商及更多第三方合作伙伴的共赢。

正如保罗·利文森所说："任何信息技术所产生的影响都是复杂的意料之外的结果，但我们能够对信息技术所产生的影响进行评价和可能的调整。"①

第二节　媒介规制

互联网上的关系结构受两种规制共同影响：一种是法律规制，由政府或政府授权的标准化组织制定的规制；另一种是由媒介组织或者应用平台建立的标准。

史蒂芬·奎因（Stephen Quinn）认为："科学技术进步常常发生在法律变化之前，这是因为规制需要时间去实施，而技术总是不断变换着和前进着。但是从规制为变革提供构架而言，它是影响变革的一个关键因素。"②

一、对互联网进行规制的原因

媒介组织和其他商业组织的最大不同，在于它所生产的产品

① 利文森著，熊澄宇译：《软边缘——信息革命的历史与未来》，清华大学出版社 2002 年版，第 10 页。
② Stephen Quinn, *Convergent Journalism: The Fundamentals of Multimedia Reporting*, N. Y. : Peter Lang Publishing, Inc. , 2005, P. 38.

具有准公共产品的性质，且有极强的外部性。这是政府对媒介进行规制的重要原因。

有关公共产品（public goods）的经典定义为，"每个人消费这种产品不会导致别人对该种产品消费的减少"。[①] 判断一种物品或服务是不是公共产品，主要看其是否具有公共产品的两个特征：消费的非排他性（non-excludability）和非竞争性（non-rival in consumption）。[②] 信息产品在一定程度上具备了非排他性和非竞争性的特点，属于准公共产品。按照公共产品供给的理论，公共产品不能完全由市场供给，而应是政府供给、市场供给相结合。这就在一定程度上解释了为什么国家对传媒产业和组织的管理一直持一种谨慎的态度，甚至在其他垄断行业都在逐步放开，引进外资、私人资本的今天，传媒产业仍壁垒森严，成为管制最为严格的产业部门之一。对于公共产品，奥尔森认为，尽管每一个人的利益在于追求好处，但群体并不必然达到这种目标。这说明为什么大规模群体都倾向于运用刺激和否定的制裁促进人们为获得公共物品作贡献。[③]

传媒产品的外部性表现为，传媒产品对于消费者的影响不局限于产品消费行为本身，而是渗透在更广泛的社会领域中。外部性分为正外部性和负外部性两个方面。具体而言，正确的舆论导向、健康的价值观会对社会产生积极的影响，表现为正外部性；反之，则会产生消极的影响，表现为负的外部性。

互联网媒体有着远比传统媒体丰富得多的传播方式，也有着

---

① Samuelson, P. A. , The Pure Theory of Public Expenditure, *Review of Economics and Statistics*, 1954, vol. 36: pp. 387 – 389.

② 非排他性是指当一个消费者使用此商品，并不会影响其他人的不能消费或是折损商品的价值；消费的非竞争性是指当一个消费者消费产品时，不能阻止其他消费者使用这项产品的权利。按照公共产品的性质，可以将公共产品分为纯公共产品和准公共产品。

③ 奥尔森著，陈郁等译：《集体行动的逻辑》，上海人民出版社 1995 年版，第14 页。

自身的技术特色，各种组群的形成和变动更是为媒介发展注入了新的活力，但作为媒介的互联网依然具有准公共产品的属性。在缺乏有效规制的情况下，可能会发生"公地悲剧"，因此，规制是必然的，而且政府行为会对互联网发展会起到重要的作用。

二、对互联网进行规制的可行方式

传媒的制度变迁需要考察媒介发展的现状，并在政治、经济和公共利益之间寻找一个平衡点。正如青木昌彦所说"经济转型时期的政府""出现意外情况的一个主要原因是，所设计的计划与刻有制度发展的历史烙印的现存制度环境之间缺乏必要的契合"，而"只有那些相互一致和相互支持的制度安排才是富有生命力的"。① 因此，互联网媒体的规制制度设计，除了要追求有效规制这一目标外，还要有利于互联网媒体的进一步发展。规制的改革的可以从以下方面着手：

（一）以产权属性为依据采取不同的规制方式

一直以来，对于传媒业来说，渠道是稀缺资源，因此，传媒规制也大多以渠道为基础设计，随着数字化媒体的出现和媒介的融合，渠道不再是稀缺资源，理论上讲，人人都可以成为信息的发布者、修改者和接收者，在这种背景下，再以渠道为基础进行规制，已无法适应新形势的要求，转而以产权属性为基础进行规制，采用经济手段、法律手段、政策手段相结合的方式是一种可行的选择。

具体来说，新兴媒体的出现，带来了多样化的产权结构，对传统媒体的产权带来冲击。互联网媒体最初大多是由私人或民间资本兴办的，其本身就拥有了与传统媒体不同的产权构成，同时，如果传统媒体要寻求与互联网媒体的合作，通常采取兼并或

---

① 青木昌彦：《沿着均衡点演进的制度变迁》，引自《制度、契约与组织》，经济科学出版社 2003 年版，第 27 页。

收购的方式，也使得民营或私人资本能够或多或少地进入融合后的媒体。

由于产权结构的不同，对于互联网组织来说，可以分三种情况来区别对待：对于单纯的商业化媒体而言，维持它原本的私有或民营产权，以法律的形式进行监管，将有助于保持其活力；对于互联网媒体与传统媒体的兼并、重组，可按照市场的方式进行，但要保证国有产权的控制力，规制方式上可以采用法律手段、经济手段和行政手段相结合的方式；对于部分核心媒体，如重要的报业集团、广电集团等，则要保证单一的国有产权，侧重于行政规制。

（二）　变传统的垂直管理为水平的分类管理

我国传统的媒介管理体制是在行政管理的基础上建立起来的，存在着条块分割，以地域和行政部门对媒体进行管理的问题。互联网表现出的跨媒体、跨行业的特征，使传统的按行政级别划分的垂直管理的方式难以发挥作用。

传统媒体的传播主体是组织化的媒体机构，类型较为单一，互联网媒体的传播主体比较多样化，可以是机构也可以是个人，并且更多的是非组织化的个人，除了信息的首次发布外，信息的加工和再传播变得非常简单，并且常常进行的是多次传播。垂直管理模式无法适应这种分散的、多元的传播方式。

水平分层管理方式则值得尝试，对于组织化的、机构性的传播主体，可以仍采用前置审批和以组织为单位的监管方式。对于非组织化的个人，则应更多的以法律为依据，以技术为手段进行监管，同时，可通过建立信用机制和激励机制，来进行有效规制。

应该注意的是，正是由于传播主体的多元决定了，不同规制方式的互补与共存是一种必然。当然，按照西方国家的管理经验，从信息接受者的角度对内容进行分级，也是值得探讨和尝试的。

（三）修改制订相应的法律和制度

目前我国政府对媒介规制的重点是前端的准入规制和中端的内容规制。这是建立在传统媒体渠道稀缺，内容容易控制的基础之上的，互联网的技术特点打破了传统媒介一向自守的渠道壁垒，并呈现出无限开放性，准入规制无法完全发挥作用。

互联网在中国的广泛应用只有二十多年，在世界范围内也是个新兴事物，从各国的具体实施的规制来看，都还处于探索的阶段。虽然大多是一国规制传统和原则的延续，但都体现出突破性和前瞻性，毕竟数字化为传媒业带来的是一种质的变化，而且变化速度之快前所未有。

（四）除法规的变革外，机构的改革也实在必行

随着技术的发展，原有的管理部门及其结构已无法适应媒介发展的新趋势，如网络电视兼容了电信网络和广电内容，其发展受来自电信、广电、文化部三部委的共同监管，多头管理的体制和行业之间的利益纷争成为媒体发展的绊脚石。

对于这种情况，我国也在尝试着进行调整，2006 年 2 月，中宣部、信息产业部等十六家部门共同研究制定的《互联网站管理协调方案》，就体现出这种创新和尝试，但在实际运作中，具体实施细节和运行效率方面还存在着问题。在世界范围内，许多国家都进行了有针对性的部门改革尝试，如上文提到的英国通信办公室的建立，在亚洲，新加坡的经验值得借鉴。2003 年，新加坡政府把原来的广播管理局、电影和出版局和电影委员会合并起来，成立了统一的管理机构传媒发展局（MDA），合并之后的 MDA 能更好地协调不同媒体之间的发展和管理。[①] 整合现有的众多媒介管理部门，建立一个涵盖整个传媒业的政府职能部门，是顺应传媒业发展趋势的重要举措。

---

① 新加坡传媒发展局官方网站，www. mda. gov. sg，2007 – 1 – 14。

除上述的具体方式外，中国文化和中国新闻传播本身的特点也形成了一种软性的行业壁垒，保护了本土互联网媒体的发展。

三、媒介规制对商业模式的影响

从政策的角度看，互联网属于文化产业，受政策的影响比较大，当政府要大力发展一个产业时，这个产业会获得更多的发展机会。互联网的发展是在国家大力推进信息化的前提下发展起来的，基础设施的建设、相关资金的扶持，都为早期互联网企业的发展提供了便利。

宏观政策的一个小的改变，就足以打破已有的市场格局，如1997 年《中华人民共和国计算机信息网络国际联网管理暂行规定实施办法》出台，其中第七条规定："我国境内的计算机信息网络直接进行国际联网，必须使用邮电部国家公用电信网提供的国际出入口信道。任何单位和个人不得自行建立或者使用其他信道进行国际联网。"这使得当时靠提供互联网接入服务起家的早期互联网企业，纷纷推出市场，瀛海威就是其中的代表。在这种此消彼长中，门户网站开始了他们的辉煌期。

互联网规制中对于内容发布的限制、对于使用者年龄的限制、对于隐私的界定，以及是否采用实名制等问题，都会对使用者群体的形成产生重要的影响，也会对他们之间的关系影响巨大。这就是为什么与互联网相关的法规和政策的发布，总是能引起激烈的讨论。

但规制总是滞后于技术和应用的发展的，很多商业模式正是在规制出现前的空白期建立起来的，并获得超额的利润。从社会进步的意义来说，制度的设计需要一定的弹性，对于媒介的规制更需要考虑介质自身的特点，既然任何决策都不可能得到众口一词的支持，不如去探究一个更好的制度，它纵然不能消灭冲突，却能够容纳冲突，并用制度化的方式解决冲突。

第三节　隐私问题

一个经历了社会洗礼的人，早已熟悉了成人世界的尔虞我诈，他们最不能理解的大概就是，为什么互联网一代会将他们的个人信息、心情、照片等等都晒在网上。大众媒体通过新闻或法制节目一次次试图教育人们，这种信息分享可能带来什么样的后果，但互联网一代依然我行我素，并且认为分享就是互联网的本质特征，他们喜欢在网络上与大家讨论问题、分享感受，喜欢在网络上寻求同龄人的支持和意见，而不是和父母讨论。

一、互联网是一个可以被记录的世界

随着技术的发展，互联网变身为智能助理，深深地植入我们的生活中，你可以用定位系统找到你要去的目的地，满足你一系列的查找要求，比如，附件的特色餐馆，顾客对它的评价。你的朋友在哪里，是不是正好也在同一个区域。当互联网带个我们分享的快乐的时候，也就蕴含着一个新问题，那就是隐私的界限。

可能很多人最初没有关注，技术的进步不仅为生活带来了便利，也带来了困扰。当互联网承载了我们太多的信息后，生活的私密性就大大降低了。当进行网购的时候，你买了什么样的CD、什么样的服装、什么样的书籍，被自动记录到了数据库中，于是就有了关于你个人偏好的大概描述。当我们用信用卡支付的时候，这些记录也被保留。互联网只要花很低的成本就可以把各种关于你的数据连接起来，互相参照，根据你买过什么，看过什么内容，为你建立起一份个人档案。它以一种超乎寻常的精确方式，描摹出你的形象，甚至你的心情。一个人越是熟练地掌握这门技术，越是容易精确判断出信息共享可能带来的后果，但对于还在摸索中的人来说，评估后果，以及能否可以承受，就是个问题了。

很多时候，在开放共享的互联网上，隐私问题无法用法律来做出限制，因为它的后果还没有显现，有些甚至是难以预料的。但是对现实生活的影响却已经呈现出来。人们会通过网络搜索了解一个你感兴趣的人；有些用人单位会在社交网站上深入了解他们的新员工；新闻事件中的人物有时会被人肉搜索；各种各样的广告以各种方式进入你的生活……

最近发生的药家鑫事件，是人们讨论的焦点，药家鑫驾车发生了交通事故，撞伤了受害人张妙，他下车后查看，发现张妙倒地呻吟，因怕其看到自己的车牌号，以后找麻烦，便产生杀人灭口的念头，对倒地的张妙连捅数刀，致其当场死亡。在对这件事本身的探讨尚未平息的时候，药家鑫的师妹李颖在"人人网"与朋友的对话又引起了广泛的关注。2011 年 4 月 1 日 14 时 28 分，网友 billkds 在微博上贴出李颖在人人网上留言的截图。李颖和一个朋友在讨论"我要是他（药家鑫）我也捅……怎么没想着受害人当时不要脸来着，记车牌？"消息一出，网友们纷纷留言指责，短短不到两天时间，该微博已经被转发了近万余次，回复近 3000 条。李颖的资料也被人肉出来。如果不是在网上聊天，而是面对面的聊天，这样的内容可能永远不会被记录下来，这样的讨论也不会发生。

这就是互联网的特点，一个可以被记录的世界。

二、隐私问题对商业模式的影响

很多研究者将隐私问题看作法律的问题，应该从规制的角度进行探讨，但法律只能规范隐私问题中很小的一个部分，从更大范围来看，它与人们内心深处所设定的分享的尺度有关。

多数互联网使用者没有认识到隐私问题的严重性，他们自愿发布不同类型的个人信息，如姓名、网名、电话号码、电子邮件地址、所在地区等；同时，也会在论坛、博客、BBS发言时，暴露一部分私人信息。当人们开始认识到个人资料的泄露可能带来的影响时，就会思考这种尺度，尺度的变化会对互联网的商业模式产生重要的影响。

使用者需要在保护隐私与获得服务之间做出取舍。因为互联网的商业模式以人为核心，强调的是有针对性的商品和服务推广，那就需要全方位地了解消费者，无论是以情感为核心的紧密小群体中的人，还是以内容为核心的中型群体中的人，抑或是以商品为核心的松散的大型群体的人，收集消费者的各种数据，建立档案，都是必不可少的关键环节。对于消费者来说，越是希望得到立体的、全方位的服务，越是需要让商家了解自己。

马丁·布伯（Martin Buber）认为："人生存的基本事实是彼此关联着的人。人无法逃避与他人发生关系。即使在彼此的关联中，我已不完全是我，你也不完全是你。但只有在生动的关联中，才能直接认识人所特有的本性。"[①] 互联网作为一种建立相互之间联系的媒介，即使使用者提高了对隐私问题的关注与认识，也依然会通过它来联系朋友，展现自己，只是对尺度的确定会受到社会心理和个人判断的双重影响，在未来的发展中，使用者愿意呈现自我的程度，会决定互联网的商业模式向更为多元的信息服务方向发展，还是受到隐私问题的困扰停滞不前。

第四节　知识层次

帕夫里克（Pavlik）认为："与其他科技一样，数字技术的

[①]　马丁·布伯：《对人的问题的展望》，引自《存在主义哲学资料选辑》，商务印书馆1997年版，第185页。

扩展是无法独立存在于真空中的，必然会受到政治、经济相互作用的合力的影响。"① 人们对互联网的接受和运用，会受到自身所处的政治、经济、文化背景的影响，由于社会发展的不均衡性，人们接受新技术的能力和愿望也存在着差异，这就带来了数字鸿沟。随着互联网技术的普及，知识鸿沟正取代数字鸿沟，成为导致互联网使用者分层的重要因素。

一、知识层次对互联网使用的影响

"数字鸿沟问题是在全球数字化进程中，不同国家、地区、行业、企业、人群之间对于信息、网络技术应用程度的不同以及创新能力的差别造成的'信息落差'、'知识分隔'和'贫富分化'问题。"② 数字鸿沟的产生是由互联网的接受和使用渠道，群体间信息智能的差异，群体对传播内容的主导型以及个人上网动机等因素的影响。随着互联网技术的迅速普及，以及使用成本的降低，从硬件的角度来说，不同人群接触网络的差异被迅速缩小，这可以体现在统计数据上。

但具体到互联网的使用方式和内容，可以发现使用者本身的知识结构差异不断被放大。在本次访谈的样本中，受教育程度低的访谈对象，对互联网的使用明显更趋于单一化和简单化，多处于跟从者的角色，而受教育程度高的则相反。这在一定程度上说明了"上网障碍的主要方面并不是技术或资金上的问题，尽管这些问题的确存在并且很难解决。相反，障碍似乎主要在于对互联网中究竟什么是可能的，以及互联网活动的本质的文化感知方面。"③ 当技术性限制被逐步消除后，认知能力、表达能力、接

---

① John V. Pavlik, *New Media Technology*, Allyn & Bacon, 1998.

② 丁未、张国良：《网络传播中的"知沟"现象研究》，载于《现代传播》2001 年第 6 期。

③ 詹姆斯·E. 凯茨、罗纳德·E. 莱斯著，傅小兰、严正主编：《互联网使用的社会影响》，商务印书馆 2007 年版，第 125 页。

受新事物的愿望等方面的重大差别就体现了出来，互联网技术形成的不是数字鸿沟，而是知识的鸿沟。

二、知识层次带来了网上的群体分层

传播理论中的"知沟假设"可以在一定程度上解释互联网使用中，知识对使用方式的影响。"知沟假设"是由蒂奇纳（1970）提出的，该假设认为："随着大众媒介向社会传播的信息日益增长，社会经济地位高的人将比社会经济地位低的人以更快的速度获取信息，因此，这两类人之间的知沟将呈扩大而非缩小的趋势。"[1]，其实质是对大众媒介普及时代信息流通的均衡性、公众在知识获取方面的平等性提出了质疑。

"知沟假设"的分析对象是不同社会地位的群体，与本研究的对象具有一致性，它关注的是不同社会地位群体之间的知识差异，认为，社会结构的次系统（如各社会群体）之间的价值观、行为模式存在差异，某些次系统能较快适应变革，而另一些次系统反应较为迟钝，因此导致在接受变革能力和速度方面的鸿沟，早期"知沟假设"的分析层次主要在宏观的社会结构。1977年，艾特玛和克莱在个人层次上对该假设作了修正，认为个体获取信息的动机及信息对个体的功用差异，是造成"知沟"的另一个重要原因。[2]

分析中国互联网一代在使用网络过程中体现出来的知识层次差异，以及由此引发的群体分层问题，也可以从个人及社会结构两方面来分析。

知识层次会影响一个人接受和使用新技术的能力和愿望。以

---

① P. J. Tichenor, G. A. Donohue, and C. N. Olien, Mass Media Flow and Differential Growth in Knowledge, *Public opinion Quarterly*, 1970, Vol. 34, No 2.

② James S. Ettema, F. Gerald Kline, Deficits, Differences, and Ceilings: Contingent Conditions for Understanding the knowledge Gap, *Communication Research*, 1977, Vol. 4 No. 2.

玩游戏为例，知识层次高的人倾向于玩复杂的互动游戏，而知识层次相对较低的，喜欢玩简单、重复性的游戏，游戏本身是一个益智的过程，复杂游戏挑战智力，也考验人对一种技术的掌握情况。即使这与能力无关，至少从愿望上来说，喜欢玩复杂游戏的人，更愿意面对未知，也更愿意接受新事物。互联网的很多应用，都是一种创新型的体验，对新事物的排斥感会影响一个人互联网使用的深度。

知识层次还会影响一个人的信息选择和表达。知识层次高的人，会更有目的地选择和重组信息，为自己的工作和生活服务，也善于表达，容易获得话语权，例如在博客应用中，虽然有很多人写博客，但被追捧的通常都是在知识上和认知上能给人以启发的学者、作家、企业家和政治家。只有在广受关注的新闻事件发生时，才会有事件的相关人受到短暂的广泛关注。虽然，互联网技术提供了一种平等的可能性，但可能性不足以克服人在知识层次上受到的限制。最终它还是指向了人自身的问题。

从群体的层面来说，同样知识层次的人更容易形成群体，根据罗杰斯（Rogers）的创新分布理论，新技术的采用与人所处的社会政治经济状况密切相关。一个新事物在被大众所接受的过程中会存在差异，这种差异不仅受到接受者个人特征的影响，还会受到与个人相关的社会系统的影响。[1] 而在社会学领域，个人的教育程度、收入水平和职业声望，是衡量一个人的社会经济地位的最重要指标。[2] 如果其所处群体中的人，更多的接受了这种技术的应用，受到认同度和趋同性的影响，则其比较可能快速接受。而在已有的各种互联网应用中，同样知识层次的人也容易受到认同度和趋同性的影响，沉淀在相同的使用方式中，结成同质

---

① Rogers，E. M.，*Diffusion of Innovations*，New York：The Free Press，1995.
② 戴维·波普诺著，李强等译：《社会学》（第十版），中国人民大学出版社1999 年版，第 242 页。

的群体。

美国的研究者也关注了互联网带来的新的社会分层问题，达纳－博伊德根据对 MySpace 和 Facebook 当中暴露出的阶层分化现象的观察提出了一个观点，社交网络引起了美国社会阶层的分化[①]。这引发了大量而且是极其重要的讨论。

三、群体分层对商业模式的影响

群体分层对互联网商业模式的影响可以从两个方面加以考察：一方面，对于某种使用方式而言，它使用方面的特征，决定了它会吸引什么样的使用者，这样的一种群体聚集，会对商业模式的选择产生影响；另一方面，不同知识层次的群体分散在不同的使用方式中，随着个人知识的增加，会改变使用方式，就像从低的阶梯上到高的阶梯，这决定了创新扩散是一个长期的过程。

知识门槛比较高的使用方式，比如专业的论坛，首先需要参与者有这方面的基本知识，其他人很难参与讨论，即使参与进来也不会受到认同，反而可能被嘲笑，这在一定程度上屏蔽了其他人；其次，参与是一种愿望，如果一个人对某一领域一无所知，他没有参与讨论的愿望，也不会受到鼓励，在这样的机制下，参与就更难持续。而技术和知识门槛比较低的使用方式，会吸引大量的使用者，比如简单的联机游戏，并不需要使用者动脑筋，就能获得一定的娱乐，这对于知识层次相对比较低的人来说，是一种常用的选择，因为复杂游戏和深刻的讨论并不是他们熟悉的方式。这样的人群分层，虽然是由知识层次导致的，但由于知识在很大程度上决定了人群的收入水平和社会地位，于是这种使用上的分层，又呈现出消费者偏好和购买能力的分层，这对于商业模

---

① *Viewing American Class Divisions through Facebook and MySpace*，http：//www. danah. org/papers/essays/ClassDivisions. html.

式的选择会产生重要的影响。另外，由于知识层次而产生的群体的分化，决定了创新的扩散是一个长时间的过程，互联网上的应用并不是越新越好，一些看似过时的商业模式可能只是在部分群体中失去了作用，而对其他群体来说却是合适的。

第六章

对未来构建商业
模式的路径思考

对于传统媒体来说，它具有公认的二元盈利模式：通过广告和发行获得收益，这被认为是媒介经济的不二法则，而对于互联网经济来说，可能再也无法找到这样具有普适性的理论。

互联网的商业模式是多样化的也是处在不断变动中的，这是由介质的技术特点决定的。本研究所建构的商业模式只是代表众多视角中的一个，并且受到时间和空间维度的限制，所以是当下的，是本土的。从长期来看，互联网的发展还在持续，对其商业模式的研究也需要从更广阔的视角出发。

从可能的路径上看，未来互联网商业模式的创建，受到发展环境的限制，也受到文化因素和全球化进程的影响，应该是本土化的；媒介使用方式的不同，会带来一种全新的思维，造就了新一代的媒介消费者，这决定了商业模式的创新是一个持续的过程，不是对旧有方式的修修补补，而是一种推倒重建，一种破坏性创新；互联网平台上的协同生产，具有很高的社会价值：推动了技术的发展，提高了社会行动的能力。这种价值从广泛和长期的视角来看，也必将使企业获益，所以应该超越商业模式，从社会发展的层面来思考互联网可能带来的价值。

第一节 互联网商业模式的本土化

互联网技术的发源地是美国，商业模式也是一个发源于西方的概念，中国现有的成功商业模式大多是他国模式的复制和改造，很少有起源于中国的原创性应用和原创的商业模式思考。显然，创新是要承担风险的，作为一个跟从者，模仿是最保险的方式。但从未来的发展看，我们需要逐渐建立本土化的商业模式，因为：任何商业模式都会受到其发展环境的影响；决定互联网商业模式成功与否的最重要因素是使用者，其会受到文化因素的影响；互联网是一种可以连通世界的媒介，互联网企业不可能长期在政策的保护下寻找发展的空间，而是需要面对全球的竞争，在全球化的竞争中，本土的才是世界的。

一、发展环境的限制

中国互联网行业的最初创业者，大多都是海归或是早期接受计数机领域专业训练的人，他们要想在国内真正创造出业绩，必须和本土的人、本土的文化、本土现有的资源结构和体制框架相融合。

在这方面，很多互联网企业都作出了积极的尝试。例如，"当当"刚开始做 B2C 的时候，国内已经有三百个类似的网站了。当当之所以能够脱颖而出，是因为它在把亚马逊的模式引入中国的时候，根据当时的实际作了很大的改变，放弃了网上支付这样一种国外主流的支付方式，采用了货到付款的方式。当时中国人没有网上消费的体验，信用卡业务也不发达，货到付款是大家最容易接受的一个方式，而且要想赢得消费者信任，就要把货物真实地交到他的手上，他才能放心地付款。"携程网"在起步的阶段，采用的是人工加打电话的方式做推广，把人带入到网上，这和美国旅游网站的形式完全不同。

从抄袭到改造，再到自我创新，这是中国互联网作为后来者必然会经历的过程，但发展到现在这个阶段，未来会出现更多基于中国互联网用户使用习惯的商业模式。尤其是当中国的网民人数和互联网的某些应用开始达到世界领先的水平，根据自身国情进行的创新就显得更加重要。

互联网在中国的应用，最为发达的是娱乐和游戏，而不是用于商业，从商业的角度或是从社会的角度，互联网的价值还没有被充分开发，这为进一步的发展提供了巨大的空间。

在众多媒体中，互联网是中国与国际接轨程度最高的一个领域，而在移动互联网领域，更是有赶超的机会。中国是移动通讯的使用大国，有非常高的普及率，并且中国的消费者有发短信的习惯，这样就很容易接受移动互联网的很多应用，这为移动互联网的领先发展提供了肥沃的土壤。

二、文化因素的影响

影响互联网商业模式最重要的因素是人，每个人都会受到他所出生和成长的环境的限制。正如本研究花费大量篇幅探讨的人际关系，就是中国文化的一个组成部分，文化因素还包括很多方面，深刻地影响着我们的偏好和选择，进而影响着中国互联网媒体的商业模式构建。

很多人认为对于媒体来说，是"渠道为王"或"内容为王"，随着技术的发展，渠道不再稀缺，很难围绕其组建产业链，而随着内容的极大丰富，内容在产业链中的核心地位也发生了动摇，因为内容的价值权重，会因为介质的不同而发生改变。在不同的技术条件下，内容在产业链中的位置是和介质的技术含量有关系的。互联网经济是网民经济，真正了解网民需要的才能撑到最后。人会带有深刻的文化气质和时代烙印，当把消费者作为商业模式核心的时候，其必然带有强烈的本土性，这是中国互联网媒体应该关注的。

互联网的进一步发展会走向哪里？当出现了这么多互联网的大型企业后，还会有新的成功企业涌现吗？"三大门户竞争的时候，很流行一句话：互联网只有第一，没有第二，赢家通吃。但仔细想想，就算在商业经济最成熟的美国，有了IBM还会出现苹果，有了英特尔还会出现微软，有了微软还出现雅虎，最后还出了个Google。机会永远有，源源不断。中国最近几年的发展，正好说明了道理。"① 事实也一再证明了这一点，近年来在中国，每隔几年就会出现一批大的互联网企业，只要把握了互联网的本质特征和使用者的需求，有好的创意，就可以创造出奇迹。因为，在这个行业里，门槛并不是由资金和规模设定的，而是由技术和创意设定的，而创意是建立在对本土使用者和本土环境深入了解的基础之上的，带有深刻的文化特征。

三、全球化竞争的需要

当今时代，全球化成为一种趋势，表现为："在政治上，民族国家及其职能逐渐削弱，相互依赖增强；在经济上，跨国贸易和金融大规模运行，形成了全球市场；在文化上，信息传播空前活跃，以消费为核心的生活方式盛行。"② 在全球化的进程中，媒介扮演着重要的，甚至是决定性的角色。③ 在两个方面的特征体现得尤为突出，即它既是一个追求经济利益的产业也是文化建设的重要组成部分。因此，传媒既要参与到全球化过程中，也要致力于建设中国的先进文化，担负起应有的责任。

对于文化产业来说，在全球市场中，不同文化的差异性才是产生吸引力和竞争力的源泉。比如，好莱坞动画片中的《花木

---

① 林木编著：《网事十年——影响中国互联网的一百人》，当代中国出版社2006年版，第50页。
② 李彬：《批判视野中的全球化与大众传播》，引自尹鸿、李彬主编：《全球化与大众媒介》，清华大学出版社2002年版。
③ Robert Mc Chesney, Global Media, Neoliberalism, and Imperialism, *Monthly Review*, March, 2001.

兰》和《功夫熊猫》等都充分体现了中国元素的吸引力。因此，把先进的技术与中国元素的恰当结合是中国传媒参与全球竞争的最大优势，传媒产业的发展要立足于这种结合，在结合的方式进行创新。技术的发展，打破了原有的介质和地区壁垒，全球性传媒消费市场和全球性传媒产品制造业逐渐形成，全球性的传媒体系建立起来，各国的传媒开始陆续融入到这一全球性的传媒体系中。尽快融入这一体系，成为全球媒介产品生产价值链中的一环，是我国传媒组织的一种现实选择，这不仅有助于提高传媒组织的经济实力，更是让我们拥有了与传媒大国平等对话的平台。

互联网是最能体现全球化的媒体形式，"数字世界全球化的特质将会逐渐腐蚀过去的边界"。① 模糊地区与地区、国与国的界限，使产品可以在更广泛的领域内流通，获得更大的市场空间。因此，更应该从产业发展和文化传播两个角度考察以什么样的本土眼光和本土化的创新，形成中国互联网企业的核心竞争力，参与全球化竞争。

第二节　互联网商业模式的破坏性创新

互联网应用变化得如此之快，超过了以往任何一种媒体的变动速度，这使得商业模式也需要不断进行创新。而且受到一代人新的思维方式和新的消费者行为的影响，这种创新不是细枝末节的改变，而是推倒重建式的破坏性创新。

一、新的思维方式

用工业社会的生产和思维方式替代农业社会的生产和思维方

---

① 尼古拉·尼葛洛庞帝著，胡泳、范海燕译：《数字化生存》，海南出版社1997年版，第279页。

式，用了一个世纪，如今，用信息社会的思维方式代替工业社会，也需要很长的时间，这不仅因为创新扩散的缓慢，更因为制度和人的行为特征本身就是具有惯性的。壁垒森严的传统媒体，有它的传播和盈利方式，也有它运转的规则和权力结构，习惯于这种模式的既得利益者，无论从思想上还是行动上都会抵制媒体最根本的运行机制的转变。但一代又一代新的媒体使用者成长起来，他们带着更少的上一个时代的烙印，更多的新时代的痕迹，这预示着转变的必然，因为对于个体来说，无意识的动机有时比有意识的动机更能影响人的行为。

《哈佛商业评论》前执行主编尼古拉斯·卡尔在他的畅销书《浅薄》[①] 里指出，互联网正在把我们变成高速数据处理机一样的机器人，失去了以前的大脑。这在美国引发了一场关于互联网如何改变人类思维的广泛探讨。

当一代人习惯于把他们的世界放在互联网上，习惯于不停地用手机发短信、上网冲浪、看地图、拍照片、拍视频、和别人协作；习惯于在网上交朋友，与人相处，一天用 5 个小时玩《魔兽世界》，还可以坚持 10 年；在没有经济激励的情况下，不断地创造和改变着网上的内容；对于千里之外的事情，比在身边的事情还熟悉；在网上寻找各种问题的答案，同时也提供自己的答案……这一切就不只和技术有关了，而是关乎思维方式，关乎个人行为，也会带来商业模式和社会发展方式的转变。

互联网塑造了一代人的信息接受方式。在青春期和青少年期市大脑发育的关键阶段，是被动地看电视，还是主动地使用互联网，会对大脑发育产生深刻的影响，互联网让人不间断地接收处理信息、思考、沟通，即使是打游戏，也需要不断地思考和决策，会对大脑的发育起到积极的作用，互联网培养人的第一件事就是选择。在过去的 20 年里，科学不断证明，我们做过的事情

---

① 尼古拉斯·卡尔著，刘纯毅译：《浅薄》，中信出版社 2010 年版。

会在大脑中留下印记，因此大脑在不断地发生变化。如果是这样，主动接受信息的方式和被动接受信息的方式，对大脑的训练是完全不同的，一个人接受信息的方式，也会影响他处理事情的能力。

中国人传统上习惯于因果关系的叙事结构，因此在阅读的时候，也习惯于从头到尾，但互联网训练了人的跳跃性思维和阅读方式。在网上阅读的时候，不仅要读到、读懂，点击链接检索信息的时候自己心里还要有想法，所以在网上读书和理解明显更复杂。

无论这种思维方式的改变对于社会的影响是好是坏，改变已经真实存在。变革并不是在采取新技术时发生的，而是当新技术培养了新的行为，变革就发生了。若干年前，尼葛洛庞帝访华的时候，有人问起"政府应该怎样推动信息化?"他的回答是"最好的办法就是让小孩子学电脑，过十年用不着推动就都变成信息化的人了。"① 这样看来，互联网经济的进一步发展就是一种必然。

互联网经济经历了蓬勃发展，也经历过高潮之后的低谷，在2000年前后，互联网泡沫使许多人对它的发展提出了质疑。但从长期的趋势来看，数字经济的增长是基于新技术在经济和社会领域的扩散带来的，不会有任何力量终止这个进程。尤其是当一代又一代人在互联网的影响下成长，这就成了他们生活的一部分，像呼吸一样自然。

二、新的消费者行为

在互联网媒体出现后，它特有的技术特点在两方面对受众影响巨大，一是不断细分的媒介环境，二是不断增加的受众自主能

---

① 林木编著:《网事十年——影响中国互联网的一百人》，当代中国出版社2006年版，第93页。

力。在这里受众自主的意思是指受众成员控制他们消费媒介产品行为的程度，以及选择他们消费的内容、时间和方式的程度。[①]研究者逐渐认识到，互联网使用者不仅是具有独特特征的群体，而且与媒介具有显著的互动性，可以相互影响。因此说，互联网迄今为止代表了受众自主的顶点。

与此同时，将受众看作消费者的观念也日益流行，正如麦奎尔所说的"在一个完全去中心化的传播网络中，传统的受众概念遭到弃置或成为不当之辞，被各种各样信息服务的难以计数的一系列消费者所取代。""传播过程也被重新定义，认为其本质上是一个协商、互动和交流的过程。"[②]

美国《时代》周刊 2006 年度的风云人物是"你"（所有网民）。杂志封面上显示的是一个白色的键盘和一个电脑显示器镜面，购买者从中可以看到自己的镜像。评选理由是："你"喜欢被认识，大声说出自己的观点；"你"喜欢创造价值和意义；"你"拥有强烈的创作欲，带动价值革命，具有未来真正的影响力。技术的进步赋予了媒介消费者极大的选择权，由于渠道不再稀缺，互联网媒体多面向市场，媒介消费者的偏好在很大程度上成为影响企业成败的重要因素。技术进步也赋予了媒介消费者前所未有的创造空间，不再仅仅是信息的接收者，也是意义和快乐的制造者。同时，消费者这一称谓本身就意味着权利，虽然消费者权利与公民权相比，后者更令人向往，但前者可以成为追求其他权力的起点。

一个企业的商业模式能否成功，要考虑企业自身的竞争力、消费者的因素以及政策因素。在这几种共同作用的因素中，企业市场化的程度越高，消费者因素对其影响就越大。同

---

① 菲利普·南波利著，陈积银译：《受众经济学》，清华大学出版社 2007 年版，第 103 页。

② 丹尼斯·麦奎尔著，刘燕南等译：《受众分析》，中国人民大学出版社 2006 年版，第 13 页、第 173 页。

时，基于互联网技术的应用，获得、保存、分析消费者的信息越来越便利，消费者在填写了基本资料后，历史交易等信息可由系统自动跟踪完成。随着互联网媒体市场化程度和消费者数据库建立的便捷程度的提高，消费者越来越成为左右企业决策的重要因素。

在互联网媒体上，消费者要求有更多的选择权力，不仅如此，还希望参与到产品设计和内容生产中去，满足小众化的需求，这一切都决定了，商业模式要不断进行创新，以一种更加开放的方式，不断寻找新的利基。

三、商业模式的创新是破坏性创新

通常意义上来说，商业模式的创新可以从以下几方面着手：重新定义顾客需求；重新定义产品和服务；重新定义顾客接触方式。作为媒体的互联网，其承载和传输的是信息，信息是一种商品，但又不是一般意义上的商品，而是一种特殊的商品，它不具有实体商品的某些特征，体现着更多的独特性。"大众传媒并没有让我们去参照外界，它只是把符号让我们消费，不过它得到了真相担保的证明。"[1] 这决定了互联网媒体的商业模式构建受到客观条件的限制比较少，更多的是由视角和创意决定的，这使得商业模式的创新不具有渐变的和延续性的特征，而更多的是新的商业模式取代了旧的商业模式。

克里斯滕森（Christensen）最早以目标市场为基础将创新分为两种：延续性创新（Sustaining Innovation）和破坏性创新（Disruptive Innovation）[2]，延续性创新重在提高现有产品的性能，满足消费者的需要，而破坏性创新常常开启新的市场，改变行业

---

[1]　让·波德里亚著，刘成富等译：《消费社会》，南京大学出版社 2001 年版，第 12～13 页。

[2]　C. M. Christensen, *The Innovator's Dilemma: When New Tcchmologies Cause Great Firms to Fail.* Bosten: Harvard Business School Press, 1997.

竞争的重心，弱化在位企业的核心竞争力。[①] 早期对创新的分析主要体现在技术上，随着互联网的发展和对其认识的深入，研究者对此进行了修正，认为"破坏性创新不仅包括技术上的创新，还应囊括商业模式的创新和客户价值提供方式上的创新。[②]"

商业模式的创新不同于产品创新和流程创新。产品和流程创新多为延续性创新，而商业模式的创新则属于破坏性创新，它常常要求打破原有的组织障碍，发展新的能力，建立新的技术标准等，因而也能为企业带来更多的发展机会。熊彼特（1942）[③] 认为，企业的经营行为就是不断实施创造性破坏，在打破旧有市场格局中建立新的市场格局，而且决不把新的市场格局作为目标，而是立即把已形成的新格局当作旧格局来打破，从而开始下一轮的"创造性破坏"。互联网媒体商业模式的创新的就是发现新的价值创新的机会，通过创造新的交易机制、交易方法和新的组织结合方式，满足消费者不同层次的需要，完成价值创新的过程。

技术和社会的变化裹挟着人和传播方式的变化，像潮水一样向前推进。逐利是资本的本性，当新的可操作的商业模式，受到资本的青睐，两者会迅速结成同盟，带来全新的应用，满足媒介使用者的需要，也改变他们的行为方式，为下一次的创新积蓄力量。

第三节　超越商业模式

传统的生产方式在过去几百年间塑造了我们的社会结构，形

---

① M. J. Benner, Tushman Michael, *Process Management and Technological Innovation: A Longitudinal Study of the Photography and Paint Industries*, Administrative Science Quarterly, 2002, 47: 676–707.

② C. M, Christensen, M. E. Raynor, *The Innovator's Solution: Creating and Sustaining Successful Growth*, Bosten: Harvard Business School Press, 2003.

③ 约瑟夫·熊彼特著，吴良健译：《资本主义、社会主义与民主》，商务印书馆2002年版。

成了等级森严、高的进入壁垒和对稀缺资源的垄断，人们一下子很难接受一个没有城墙、没有等级、资源不再稀缺的世界；很难理解为什么会有很多人，在没有经济利益驱动的情况下，花费时间和精力贡献出高质量的内容；还有很多人，会为他人的利益结成联盟，与既得利益者进行斗争。

在互联网上，很多行为产生的结果远远超出了传播领域，也超出了商业领域，带来的是社会深层次的影响。而社会的发展，又会为企业带来意料之外的收获，可以获得超越商业模式的价值。互联网上的协同生产就是这样一种由使用者自发参与，在无组织的情况下为社会带来福利，进而使企业获益的方式。

一、互联网上的协同生产

维基百科的编写过程是一种协同生产，就是人们合作来完成某件事，它的成功让许多人感到惊讶：为什么没有明确的商业模式，它还能成长得如此之快？为什么没有严厉的监督机制，这里也没有充斥着胡言乱语？为什么没有报酬，还有如此多的人愿意为此贡献力量？那是因为人们在饱暖之余，都想做一些有意义的事，而且做这件有意义的事的成本是如此之低，降低成本可以和提高收益一样刺激人的行动。协同生产比单纯的共享要难得多，但结果显然更加深远。下面就通过维基百科的例子来了解一下互联网上的协同生产：

吉米·威尔士（Jimmy Wales）和拉里·桑格（Larry Sanger）是维基百科的创始人，希望创建一部高品质免费的在线百科全书，他们最初设想：假设全世界的学者都听说一个严肃的在线百科全书工程，全部内容都不属于其编撰者，而可以自由地发行……这样的一个百科全书会增长得有多快？他们刚开始按照传统的做法雇用了一个顾问委员会，来完成这项工作，但编写的效果远没有想象的乐观，于是他们决定使用一个叫维基（wiki）的工具来产生第一批文章。

世界上最早的"维基软件"由工程师坎宁安在 1995 年创造，他希望创造一个能共享智慧的知识库。他观察到当时绝大多数的协作工具都太注重复杂的角色和要求组合，只有指定的作者能产生文本，只有编辑能够发布。坎宁安假设协作的人比较容易相互信任，那么一群人就可以在无须正式管理流程的情况下共事一个项目。在维基的每一页上都有一个按钮，通常文字注释为"编辑一下"，用户点击后可以添加、修改或者删除这一页上的内容。只要用户对某个网页做了修改，维基会记录修改结果同时保存原先的版本。因此，每个维基页面都是累积下来的修改的总和，而先前全部的修改都作为历史文件单独存储。

在使用了"维基软件"后，百科全书的编撰进展快速，威尔士和桑格把这个网站定名为 Wikipedia.com，"维基百科"既不创造收入也不需要成本，因此后来它转型为 Wikipedia.org，确定了其非营利的性质。

当然，维基百科也不是完美的，但它的自纠错机制非常强悍，维基百科上不断在发生的公众审阅创造了重要的价值，这正是协同生产的意义所在。当维基百科发展到一定规模后，就进入了良性循环，更多的人参与创作，也有更多的人从中获益。

维基百科的成功向人们证明了：在互联网上很多人愿意无偿贡献自己的时间和知识；大规模的协作生产也可以在没有分工和很少管理的情况下进行；百科全书可以是一个过程而不是一个产品，不断丰富并与时俱进。

协同生产中体现的是一种自发的劳动分工。要了解分工是如何进行的，只需要在上面任选择一篇文章，文章边上的"交谈"链接可以把你带到一个维基百科作者进行讨论的页面，他们在这里讨论文章应当怎样组织，应当包括些什么，在某些情况下，"交谈"页面甚至比文章本身更长。这是在知识领域实现的各尽所能、按需共享。最重要的是，它的开放性，包容了更多样化的观点，并可以与时俱进，不会封闭和过时。

协同生产的参与者众多，但大部分内容是由很小却很活跃的群体完成的。但无论是积极的贡献者还是偶尔参与的人都能从这份没有报酬的工作中，得到一种心照不宣的精神快乐。如果有足够多的人关注一篇文章或一个词条，就会有足够多的人努力去改进它，因而随着时间的推移将能积累足够好的内容，为成千上万的人服务。在互联网的世界里，允许不同程度的贡献，这使得大规模的协作成为可能。

这个世界是精英主导的还是大众推动的？在此前的若干世纪中，人们对此各持己见，并激烈辩论。1991 年，软件工程师理查德·加布里埃尔（Richard Gabriel）比较了两种编程语言，一种整洁而复杂，另一种笨拙却简单。他预测那种简单的编程语言会流传得更快，因为尽管这个过程是混乱的，但会有很多人致力于改进这个简单的语言，一种开放性的模糊的模式，吸入了更多的注意力和智慧，这种模式成功的关键在于给了普通用户尽可能多的空间和自由。

由此可以看出，在互联网上的大规模协作生产要满足这样几个要求：（1）目标产品最好是信息产品，因为信息产品本身具有不依赖与物质条件进行广泛传播的特质，最符合互联网的技术特征；（2）要把大的目标分解成许多小的目标，这样每一个参与者都能在较低成本的情况下独立完成一部分工作；（3）产品的组合是模块化的，可以把既有的小成果直接组合成大的目标成果；（4）管理的成本要尽可能低。

二、协同生产为什么会发生

协同生产发生的前提是人们愿意做这样一件没有经济回报的事，但为什么会如此？一个参与维基百科词条的编写者①这样总结自己的心态：第一是挑战一下自己的智力，每个人都有他关注

---

① 唐毅，32 岁，工程师，访谈时间：2016 – 05 – 21。

的领域，但是你的认识会不会得到多数人的认可，也是非常重要的，维基百科给人一个挑战和被评价的机会；第二是虚荣心，虽然无法拯救地球，但至少可以在世界上留下自己的印记，成本只是一点点时间和精力；最后是做一件好事的愿望。

这是从个体参与者的角度对这个问题的回答，"最后通牒博弈"实验证明了现实中确实存在着经济非理性，而且并不只是在个别人中存在。

"最后通牒博弈"（the Ultimatum Game）①：两人分一笔总数固定的钱，比如100元。方法是：A提出方案，B表决。如果后者同意，则按照方案分，如果后者反对，则两人都一无所得。A在提方案时要猜测B的反应，此时理性的A的方案是留给B一点点比如1分，而自己得99.99元。B接受了能得到1分钱，如果拒绝什么都得不到。这是根据理性人的假定得出的推论，而实际则不是这样。英国博弈论专家宾谟做了实验，发现提方案者倾向于50∶50，而接受者倾向于，少于30%拒绝，多于30%接受。这是一个极度简化的博弈模型，在至少可以得出这样一个结论：公平因素而不仅仅是经济因素成为影响博弈双方策略选择的重要因素。

从这个实验引申开来，可以认为"人是经济理性的"这样的假定在某些时候存在着与实际不符的情况，有时候人们的行为会受一种更为精神层面的偏好的驱使。这在一定程度上解释了为什么互联网上会出现很多非经济目的的贡献。当然这与人所处的社会环境也有很大的关系，在艰苦的社会中，人们为温饱忧心，自然会更倾向于做有现实利益的事。互联网一代在物质条件丰富的环境下长大，会更追求精神的满足和趣味性。Linux的创始人托瓦尔兹说："人们会自己选择去做他们擅长和感兴趣的项目。

---

① 该实验有不同的版本，本书引用的来自高鸿桢：《实验经济学导论》，中国统计出版社2003年版。

一个工程师在解决了某个技术难题之后会感到遍体舒泰，这是多么愉快的享受啊！就是那种感觉驱使着我。基本上，参与大规模协作生产社团的人都会爱上它。他们对技术富有激情，并且在创造出一些新的或者更好作品的时候会欣喜若狂。"①

当然，精神满足还要和低成本相结合，才能使协同生产变得可行。在传统媒介组织中，传播任何内容都是有成本的，尝试任何改变都是昂贵的，而在互联网系统中，传播内容的成本是如此之低，成功常常只需要付出一点时间和精力，而对于很多整天泡在网上的人来说，这是打发时间的好方法，而不是成本付出。因为这种低廉的创新成本，使得互联网媒体允许了更多的尝试，也有了更多的合作和贡献，这对整个社会都是有益的。

除了上述因素外，协同生产还会产生一些现实的激励。比如，参与 Linux 工作的人一般受雇于该行业的其他企业，IBM 和英特尔就是 Linux 在人力方面两个最大的贡献者。在 Linux 上的协同生产带给他们经历、知名度和关系，如果他们是优秀的，就能在这个行业中赢得相应的地位，这对于一个人的职业生涯很重要，对他们所处的公司在行业内保持领先地位也是有好处的。

三、协同生产的商业价值

互联网经济的本质是创新，社会和使用者的变化如此之快，需求多种多样，一个企业要想在这个领域始终保持领先，就必须成为领跑者，但对于任何有组织边界的企业而言，在获得新知识和开发新技术方面，是无法与无边界的互联网世界相比拟的，因此，利用好外部资源可以为企业带来无尽的创新财富。

1937 年，罗纳德·科斯（Ronald H. Coase）发表了题为《企业的性质》的论文，这篇论文提出了一个问题：既然市场是将供

---

① 唐·泰普斯科特、安东尼·D. 威廉姆斯著，何帆、林季红译：《维基经济学》，中国青年出版社 2007 年版，第 80 页。

求联系起来、确定价格和从有限资源中效用最大化的理想场所，为什么还会有公司组织的存在，而不是人们以个人买者和卖者的身份出现？他给出的解释是，企业的垂直一体化的结构是与信息的传递成本有关的，任何一项产品的生产和组织的经营都需要建立在共同目标基础上的密切协作。每笔交易都会产生交易成本，包括搜寻成本，找出不同的产品；合同成本，讨价还价和签订合同条款；把不同产品和过程结合在一起的协调成本等。正是因为有交易成本的存在，才有了著名的"科斯定理"：一家企业会持续扩张直到企业内部组织交易的成本超过在外部市场的交易成本。

对于互联网而言，科斯定理仍然在发挥作用，只是互联网大大降低了交易成本，这使得企业必须不断地收缩，直到内部的成本不再超过外部的交易成本。以传统媒体中的报纸为例，报社必须拥有采编人员、管理人员、印刷厂、发行部门等一系列的上下游组织，这是因为既可以避免市场采购中的讨价还价，降低了成本，又可以保证报纸出版的连续性。但在互联网时代，印刷、发行都不再成为问题，管理也变得极为便捷，只需要具有采编技能的人员就可以撑起一份不错的电子报。甚至只需要一些好的策划，就会有很多消费者进入信息生产的环节，因此大大降低了交易的成本，这就可以解释为什么互联网媒体的组织结构可以如此的小巧紧凑。

互联网的出现改变了企业的组织形式和商业模式，不仅对于信息产业是如此，对于实体经济也是如此，只是由于信息的传递可以较少依靠外在的条件，所以这种技术对于信息产业的影响更为显著。但这并不意味着企业不再需要把知识和能力转移到内部，也不意味着垂直分工已经完全过时了，只是，每个面向市场的组织都必须不断调整边界以适应技术和社会不断变化带来的改变。哪些生产和创新可以放在企业内部，哪些要放在外部，通过协同生产来获得，要视每个企业的具体状况而定。但协同生产对于组织来说，至少可以带来以下两种价值：

第一，促进了需求。这可以从两个方面来阐释：一方面，生产者和使用者合二为一，更能满足用户的需求，并培养忠诚度。为什么对于年轻一代来说，玩联机游戏比看电影更能吸引他们，那是因为前者更有参与和互动的空间。当使用者在一个平台上贡献了才智和时间后，他们更可能对此产生忠诚度。并且每个人最了解自己喜欢的是什么，自我参与的产品创造更能满足个性化的需求。另一方面，也有利于促进互补产品的需求，从经济学角度来讲，一种产品卖得好，则它的互补品也会有好的销售业绩，这是一种正向的连带效应。如果一款游戏吸引了更多的人参与，则游戏中的虚拟和实体商品，都会有更好的销售。

第二，节约了成本。互联网上很多内容创建和传播，都是一种自发的形式，因此没有组织成本，也不需要支付内容成本。相比于传统的内容生产和传播方式，能够在更短的时间里，生产出更多物美价廉的产品。在传统的产业链构建中，各组成部分的磨合本身就要消耗大量成本，各组成部分之间的权力和利益分配也面对诸多问题，而建立在自愿基础上的大规模协作则消除了部门之间的协调和摩擦成本。

当然，大规模协作生产带来的价值远超出经济和传媒领域。无论是个人还是组织，要加入协作生产的队伍中，就必须学会付出和分享。人人贡献自己的力量，同时又得到需要的东西，这就形成一种良好的社会氛围，从长期来说，会使参与其中的人和组织都获利。其超越了商业模式，是一种高层次的价值实现。

结　　语

作为媒体的互联网，它与传统媒体最大的区别在于改变了媒介使用者的地位，其不再是内容的被动接受者，而是生产者和传播者，使用者第一次真正拥有了能够决定媒介组织发展方向的能力。因此，对于互联网媒体来说，需要探讨的不是如何将制作好的内容传递给使用者，而是如何将使用者组织起来，进行生产和传播，实现既定的目的。

对于人的研究，离不开其所处的环境，虽然从表面上看，中国的互联网一代与身处世界各地的同龄人相比具有很多共性，中国互联网现有的使用方式，也大多借鉴于西方。但如果进行深入的研究就会发现，中国互联网使用者深受文化和社会环境的影响，拥有区别于他者的典型特征，其中最重要的就是对人际关系的重视。

互联网是人与人之间建立联系的媒介，这种特征与中国人看重关系的传统相匹配。中国的互联网一代在改革开放、市场经济、城市化、全球化的背景下成长，经历着社会的转型和媒介形态的变革，既继承了传统文化中对关系的重视，也应和了时代的变迁，以一种新的方式结成了关系，从某种角度来说，互联网为中国社会新型关系网的建立提供了很好的平台，这也从一个侧面解释了为何互联网在中国的发展如此蓬勃。

中国传统文化中的关系以"己"为中心，以血缘关系为出发点，讲究有情有理，是一种根据环境而做出调整的富于伸缩性的结构。其基本模式由"人情"、"人伦"和"人缘"构成，这三者彼此包含并各有自身的功能。"人情"是其核心，这表现了传统中国人以"亲戚"为基本的心理和行为样式，"人伦"是这一基本模式的制度化，而"人缘"是人们在观念中对这一模式的总体设定。

关系根植于文化与社会中，随着社会的变迁，其内涵和结构也会相应地发生变化。当今的中国，由于社会的快速变革和城市化进程中大量移民的存在，文化的延续性被割裂，中国人被时间和空间两个维度划分成不同的小群体，彼此之间分隔开来，形成了具有时代特色的新型关系网，其特点是：家庭对关系的形成只起到了部分的作用，人们更多的是通过相似的经历、相同的价值观和相近的爱好结成关系；关系的建立不再被动地依靠血缘和地缘，是一个主动的过程；关系的种类众多，内在具有精神上的同质性。这些人际关系结构和特征的变化成为影响一代人行为的内在动力。

互联网契合了中国人重视关系的文化传统，尤其契合当代社会的新型关系结构和特点。在技术和社会的影响下，互联网一代形成了一套群体内共同遵守的行为规范，他们受到传统伦理的影响越来越少，但也没有完全遵从与商业社会所匹配的契约化的人际关系规范，而是基于社会和平台的共同影响，在平等、共享、协作的基础上形成了人际关系的多样化规范。

本书第一章从宏观层面讨论了中国传统文化中的关系，关系的延续与转变，以及互联网技术对于新型人际关系的影响。第二章则从微观应用的层面探讨在互联网使用方式中，人们结成了怎样的关系，这些关系满足了他们什么样的需要，在关系中是如何相互影响的。这部分主要材料来自于深度访谈，并结合访谈内容和调查机构关于使用方式的调查，重点探讨了六种使用方式：社交网站、即时通讯、博客、论坛、网络游戏、购物网站。

通过使用方式来考察互联网媒体中的人际关系，可以为我们提供大量鲜活、细致的观点和材料，但具象的关系分析难以成为建构商业模式的基础，因此，本文在第三章引入社会网络理论，将互联网使用者个人和单个的组织作为互联网关系中的结点，对网络人际关系进行抽象。

从结点排列的几何形状看，可以将互联网关系网络的结构分为主从结构，平面的网和立体的网；从结点联系的紧密程度来看，互联网上的人际关系是以自我为中心的圈层结构，包括作为核心的自我，外层的亲密朋友，更大范围的普通朋友，还有外面的整个世界，每层的交往规则和相互之间的影响都不同；从结点相互联系的内涵上看，互联网关系网络可以分为以情感为核心、以内容为核心、以商品为核心三种形式，关系的紧密程度和相互影响程度均依次递减，但与市场的关联程度却是递增的。

用户对于互联网企业来说，是决定其成功与否的关键因素，建立互联网商业模式的最高目标是需求匹配，也就是说提供给使用者他们所需要的信息或信息组合。要达到这一目的，对使用者进行精确描摹是必不可少的。在已有的尝试中，很多企业尝试了关键词搜索、人群定向、语义分析等种种方式，而本研究提供了一种可能更行之有效的思路，就是通过互联网上人际关系的类型和特点，获得使用者群体不同层面的资料，并建立相应的档案，以此为基础，组织使用者，发挥其创造力，和在小群体中的影响力，实现组织的既定目的。

本书第四章探讨了基于人际关系构建互联网商业模式的具体操作，首先要对消费者进行写真和分类，其次是搭建平台，为消费者提供活动的场所，再次是根据目标消费者获取价值。第二个步骤和第三个步骤并不是一种必然的延续，企业可以单纯通过平台来盈利，也可以在已有的平台上，针对某一种或某几种已经形成的关系结构制定商业模式。

搭建平台要考虑的因素是互联网关系网络中结点之间的几何形状，就是希望结点用什么样的方式结合。而平台的设计又会影响到关系网络中的规范维度，结点在每个平台上的联系不仅受到在现实社会中的价值观和规则、惯例的影响，也会受到平台这个小环境中规则的影响。考虑到上述因素以及本研究面向未来的特点，文中重点探讨了三种平台：多元闭合式平台、真实开放式平台和虚拟开放式平台。分别介绍它们的特点、对关系的影响和价值实现的可能。

根据关系类型建立商业模式，本书以结点之间联系的紧密程度作为纵轴，以关系的内涵作为横轴，将互联网关系分为三种类型：Ⅰ型关系、Ⅱ型关系和Ⅲ型关系，分别根据这三类关系的不同特点，建立用户不同层次的档案、选择相应的平台、投放不同的内容或推动内容生产与传播、根据用户档案提供相应的信息服务、优化档案并实现价值主张。

互联网上的关系结构是一种大致的划分，并且具有很强的流动性。不同时间段消费者需求层次会发生变化，打破旧有关系的成本不断降低，这些因素导致了互联网关系的流动性，而关系的流动又有利于创新，与之相连的，商业模式也需要进行相应的改变。

影响互联网商业模式的因素有很多，但因为互联网提供的产品是信息产品，受到实体经济的影响相对较少，消费者被认为是影响互联网商业模式的最重要的因素，本研究也正是基于此展开的，并且落点在消费者结成的各种小群体关系上。但这只是提供了一个研究的角度。除此之外，技术因素、媒介规制、隐私问题、使用者的知识层次也是影响互联网商业模式构建的重要因素，只是在本研究中，没有把这些作为决定性的因素，而是当作修正因子，本文的第五章，考察了上述因素对互联网商业模式的影响。

互联网的商业模式是多样化的也是处在不断变动中的，这是由介质的技术特点决定的。本研究所建构的商业模式只是代表众多视角中的一个，提供了一种可能的选择和思考的方式，并且受到时间和空间维度的限制，所以是当下的、本土的。从长期来看，互联网的发展还在持续，对其商业模式的研究也需要从更广阔的视角出发。文章的最后探讨了未来构建互联网商业模式可能的路径选择：未来互联网商业模式的创建，受到发展环境的限制，也受到文化因素和全球化进程的影响，应该是本土化的；媒介使用方式的不同，会带来一种全新的思维，造就了新一代的媒介消费者，这决定了商业模式的创新是一个持续的过程，不是对旧有方式的修修补补，而是一种推倒重建，一种破坏性创新；互联网平台上的协同生产，具有很高的社会价值：推动了技术的发展，提高了社会行动的能力。这种价值从广泛和长期的视角来看，必将使企业获益，所以应该超越商业模式，从社会发展的层面来思考互联网可能带来的价值。

参考文献

[1] 阿尔伯特·格雷柯编著，饶文靖译：《媒体与娱乐产业》，清华大学出版社 2006 年版。

[2] 阿尔温·托夫勒、海蒂·托夫勒著，陈峰译：《创造一个新的文明　第三次浪潮的政治》，上海三联书店 1996 年版。

[3] 艾莉森·亚历山大编著，丁汉青译：《媒介经济学：理论与实践》，中国人民大学出版社 2008 年版。

[4] 艾伦·阿尔巴朗，谢新洲等译：《电子媒介经营管理》，北京大学出版社 2005 年版。

[5] 安格斯迪顿著，胡景北等译：《理解消费》，上海财经大学出版社 2003 年版。

[6] 安澜·艾尔布兰著，陈鹏译：《传媒经济学：市场、产业与观念》，中国传媒大学出版社 2009 年版。

[7] 保罗·莱文森著，何道宽译：《数字麦克卢汉——信息化新纪元指南》，社会科学文献出版社 2001 年版。

[8] 保罗·利文森著，熊澄宇等译：《软边缘：信息革命的历史与未来》，清华大学出版社 2002 年版。

[9] 蔡雯、黄金：《规制变革：媒介融合发展的必要前提》，载于《国际新闻界》2007 年第 3 期。

[10] 崔保国、张晓群：《新媒体对中国传媒产业的影响分析》，载于《现代传播》2008 年第 1 期。

[11] 大前研一等著，王小燕译：《数字化商业模式》，中信出版社 2006 年版。

　[12] 丹尼斯·麦奎尔著，刘燕南等译：《受众分析》，中国人民大学出版社 2006 年版。

　[13] 丁未、张国良：《网络传播中的"知沟"现象研究》，载于《现代传播》2001 年第 6 期。

　[14] 凡勃伦著，蔡受百译：《有闲阶级论：关于制度的经济分析》，商务印书馆 2009 年版。

　[15] 范以锦等著：《数字化时代的传媒产业》，暨南大学出版社 2008 年版。

　[16] 房龙著，迟卫、靳翠微译：《宽容》，生活·读书·新知三联书店 1985 年版。

　[17] 菲利普·南波利著，陈积银译：《受众经济学》，清华大学出版社 2007 年版。

　[18] 费孝通著：《美国与美国人》，北京三联书店 1985 年版。

　[19] 费孝通著：《乡土中国》，人民出版社 2008 年版。

　[20] 付瑞雪：《数字内容分发平台与商业模式研究》，北京邮电大学 2009 年博士论文。

　[21] 冈特利特主编，彭兰等译：《网络研究：数字化时代媒介研究的重新定向》，新华出版社 2004 年版。

　[22] 高鸿桢著：《实验经济学导论》，中国统计出版社 2003 年版。

　[23] 郭良著：《网络创世纪——从阿帕网到互联网》，中国人民大学出版社 1998 年版。

　[24] 郭庆光著：《传播学教程》，中国人民大学出版社 1999 年版。

　[25] 哈筱盈、理查德·甘那主编，杭敏、刘丽群编译：《全球网播：新媒介商业运营模式》，清华大学出版社 2009 年版。

　[26] 赫伯特·金迪斯、萨缪·鲍尔斯等著，浙江大学跨学科社会科学研究中心译：《走向统一的社会科学：来自桑塔费学派的看法》，上海世纪出版集团 2005 年版。

［27］华克·史密斯、安·克拉曼著，姜静绘译：《时代行销——消费者世纪大调查》，三联书店 2000 年版。

［28］黄升民等：《中国广电媒介三十年变迁的产业化解析》，载于《传播与社会学刊》2008 年第 6 期。

［29］黄升民等著：《数字化时代的中国广电媒体》，中国轻工业出版社 2003 年版。

［30］吉莉安·道尔著，李颖译：《理解传媒经济学》，清华大学出版社 2004 年版。

［31］加布里埃尔·塔尔德，何道宽译：《传播与社会影响》，中国人民大学出版社 2005 年版。

［32］加里·S. 贝克尔著，王业宇、陈琪译：《人类行为的经济分析》，格致出版社；三联书店；上海人民出版社 2008 年版。

［33］杰弗里·摩尔著，赵娅译：《跨越鸿沟》，机械工业出版社 2009 年版。

［34］柯林·霍斯金斯等著，支庭荣等译：《媒介经济学：经济学在新媒体与传统媒体之间》，暨南大学出版社 2005 年版。

［35］科斯等著，刘刚等译：《制度、契约与组织：从新制度经济学角度的透视》，经济科学出版社 2003 年版。

［36］克莱·舍基著，胡泳、沈满琳译：《未来是湿的》，中国人民大学出版社 2009 年版。

［37］李殿伟：《基于价值网理论的电信企业商业模式研究》，天津大学 2007 年博士论文。

［38］梁漱溟著：《梁漱溟全集》，山东人民出版社 1990 年版。

［39］林琛：《WEB 环境下的社会网络挖掘研究》，复旦大学 2009 年博士论文。

［40］林木编著：《网事十年—影响中国互联网的一百人》，当代中国出版社 2006 年版。

［41］吕成华、左娟：《移动互联网商用模式剖析》，载于《通信世界》2007 年第 10 期。

［42］罗伯特·G.皮卡特著，赵丽颖译：《媒介经济学：概念与问题》，中国人民大学出版社 2005 年版。

［43］罗兰·德·沃尔克著，彭兰等译：《网络新闻导论》，中国人民大学出版社 2003 年版。

［44］罗珉：《商业模式的理论框架述评》，载于《当代经济管理》2009 年第 1 期。

［45］罗以澄：《当前我国报业集团经营管理中的问题与对策》，载于《新闻大学》2003 年第 1 期。

［46］罗以澄、陈刚：《虚拟与实体：传媒市场运营的二元结构》，载于《中国广播电视学刊》2007 年第 4 期。

［47］罗以澄、吕尚彬著：《中国社会转型下的传媒环境与传媒发展》，武汉大学出版社 2001 年版。

［48］马斯洛著，许金声等译：《动机与人格》，华夏出版社 1987 年版。

［49］马汀·奇达夫、蔡文彬著，王凤彬等译：《社会网络与组织》，中国人民大学出版社 2007 年版。

［50］玛格丽特·米德著，周晓虹、周怡译：《文化与承诺：一项关于代沟问题的研究》，河北人民出版社 1987 年版。

［51］迈克尔·波特著，陈小悦译：《竞争优势》，华夏出版社 2005 年版。

［52］迈克尔·所罗门、卢泰宏著：《消费者行为学》（第六版），电子工业出版社 2006 年版。

［53］曼纽尔·卡斯特著，夏铸九等译：《网络社会的崛起》，社会科学文献出版社 2006 年版。

［54］曼瑟尔·奥尔森著，陈郁等译：《集体行动的逻辑》，三联书店上海分店；上海人民出版社 1995 年版。

［55］尼葛洛庞帝著，胡泳、范海燕译：《数字化生存》，海口出版社 1997 年版。

［56］彭兰著：《中国网络媒体的第一个十年》，清华大学出

版社 2005 年版。

[57] P·R·史密斯、乔森纳·泰勒著,方海萍等译:《市场营销:传播方法与技巧》(第三版),电子工业出版社 2003 年版。

[58] 强月新:《我国传媒市场运行机制研究》,武汉大学 2004 年博士论文。

[59] 强月新、邓敏:《传媒市场特征的经济学分析》,载于《现代传播》2004 年第 4 期。

[60] 让·波德里亚著,刘成富等译:《消费社会》,南京大学出版社 2001 年版。

[61] 沙莲香:《"己"的结构位置:对"己"的一种释义》,载于《社会学研究》2000 年第 3 期。

[62] 斯蒂芬·李特约翰、凯伦·福斯著,史安斌译:《人类传播学理论》(第九版),清华大学出版社 2009 年版。

[63] 索尼娅·利文斯通著,龙耘译:《理解电视:受众解读的心理学》,新华出版社 2006 年版。

[64] 汤姆·邓肯著,廖以臣译:《广告与整合营销传播原理》,机械工业出版社 2006 年版。

[65] 唐·泰普斯科特、安东尼 D. 威廉姆斯著,何帆、林季红译:《维基经济学》,中国青年出版社 2007 年版。

[66] 唐·特普斯科特著,云帆译:《数字化成长》(3.0),中国人民大学出版社 2009 年版。

[67] 托马斯·C. 谢林著,谢静译:《微观动机与宏观行为》,中国人民大学出版社 2005 年版。

[68] 托马斯·鲍德温等著,龙耘等译:《大汇流:整合媒介信息与传播》,华夏出版社 2000 年版。

[69] Werner J. Severin、James W. ThankardJr 著,郭镇之译:《传播理论——起源、方法与应用》(第五版),中国传媒大学出版社 2006 年版。

[70] 汪蓉:《信息产品供应链合作关系协调问题研究》,上

海交通大学 2007 年博士论文。

[71] 汪卫国:《电信研究院:日韩移动互联网发展扫描》,载于《中国新通信》2007 年第 7 期。

[72] 王菲著:《媒介大融合:数字新媒体时代下的媒介融合论》,南方日报出版社 2007 年版。

[73] 王艳:《基于生态学的运营商移动互联网商业模式研究》,北京邮电大学 2008 年博士论文。

[74] 温迪·古德曼·罗姆著,李慧斌译:《默多克的新世纪》,中信出版社 2005 年版。

[75] 文长辉著:《媒介消费学》,中国传媒大学出版社 2007 年版。

[76] 西·金-尚克尔曼著,彭泰权译:《透视 BBC 与 CNN:媒介组织管理》,清华大学出版社 2004 年版。

[77] 希伦·A. 洛厄里等著,刘海龙等译:《大众传播效果研究的里程碑》,中国人民大学出版社 2004 年版。

[78] 熊彼特著,朱泱等译:《经济分析史》,商务印书馆 2009 年版。

[79] 熊澄宇等:《中国新媒体与传媒改革:1978～2008》,载于《清华大学学报(哲学社会科学版)》2010 年第 1 期。

[80] 许烺光著,彭凯平等译:《美国人与中国人:两种生活方式比较》,华夏出版社 1989 年版。

[81] 亚德里安·斯莱沃斯基等著,张星等译:《利润模式》,中信出版社 2007 年版。

[82] 喻国明、刘夏阳:《中国社会人际关系与现状调查》,载于《中国人民大学学报》1993 年第 2 期。

[83] 喻国明等著:《传媒竞争力:产业价值链案例与模式》,华夏出版社 2005 年版。

[84] 约翰·V. 帕夫利克著,张军芳译:《新闻业与新媒介》,新华出版社 2005 年版。

［85］约翰·斯科特著，刘军译：《社会网络分析法》，重庆大学出版社2007年版。

［86］约瑟夫·R.多米尼克著，蔡骐译：《大众传播动力学：数字时代的媒介》（第七版），中国人民大学出版社2004年版。

［87］约瑟夫·熊彼特著，吴良健译：《资本主义、社会主义与民主》，商务印书馆2009年版。

［88］詹姆斯·G.韦伯斯特等著，王兰柱、苑京燕译：《视听率分析：受众研究理论与实践》，华夏出版社2004年版。

［89］詹姆斯·E.凯茨、罗纳德·E.莱斯著，郝芳等译：《互联网使用的社会影响》，商务印书馆2007年版。

［90］詹姆斯·S.科尔曼著，邓方译：《社会理论的基础》（上、下），社会科学文献出版社1999年版。

［91］詹姆斯·索罗维基著，王宝泉译：《群体的智慧：如何做出最聪明的决策》，中信出版社2010年版。

［92］张其仔：《中国人的关系取向与中国企业的关系营销》，载于《经济管理》2004年第22期。

［93］张维迎著：《博弈论与信息经济学》，上海三联书店1996年版。

［94］章于炎、乔治·肯尼迪、弗里兹·克罗普：《媒介融合：从优质新闻业务、规模经济到竞争优势的发展轨迹》，载于《中国传媒报告》2006年第3期。

［95］Alison Harcourt. 2005. The European Union and the Regulation of Media Markets, Manchester University Press.

［96］Benjamin D. Zablocki and Rosabeth Moss Kanter. 1976. The Differentiation of Life – Styles, Annual Review of Sociology.

［97］Chan – Olmsted, S. and Ha, L. 2003. Internet business models for broadcasters: How television stations perceive and integrate the internet. Journal of Broadcasting and Electronic Media, 47（4）.

［98］Colon. 2000. The multimedia newsroom, Columbia Journalism Review.

[99] Davern, M. 1997. Social Networks and Economic Sociology: A Proposed Research Agenda for More Complete Social Science. American Journal of Economics and Sociology. Vol. 56 (3).

[100] Don Tapscott and Art Caston. 1998. Paradigm Shift: The New Promise of Information Technology, New York: McGraw – Hill, Inc.

[101] Don Tapscott. 1996. The Digital Economy, Promise and Peril in the Age of Networked Intelligence, McGraw – Hill Inc. , New York.

[102] Doyle, G. 2002. Media Ownership: The Economics and Politics of Convergence and Concentration in the UK and European Media, London: SAGE Publications.

[103] Duncan Watts. 1999. Small Worlds, The Dynamics of Networks between Order and Complexity, Princeton University Press.

[104] Edward O. Laumann, Joseph Galaskiewicz and Peter V. Marsden. 1978. Community Structure as Interorganizational Linkages. Annual Review of Sociology, Vol. 4.

[105] Gary Hamel. 2000. Leading the Revolution: How to Thrive in Turbulent Times by Making Innovation a Way of Life, Boston, Massachusetts: Harvard Business School Press.

[106] Henry W. Chesbrough and Richard S. Rosenbloom. 2002. The Role of the Business Model in Capturing Value from Innovation: Evidence from Xerox Corporation's Technology Spin-off Companies, Industrial and Corporate Change, 11 (3).

[107] Herring, James Morton and Gerald C. Gross. 1936. Telecommunications: economics and regulation. New York and London: McGraw – Hall book company, Inc.

[108] Jackson, M. O. and Wolinsky, A. 1996. A Strategic Model

of Social and Economic Networks, Economic Theory Journal, 71 (1).

[109] James S. Ettema and F. Gerald Kline. 1977. Deficits, Differences and Ceilings: Contingent Conditions for Understanding the knowledge Gap. Communication Research, April Vol. 4 No. 2.

[110] Jome and Hiram Leonard. 1925. Economics of the radio industry. Chicago, New York: A. W. Shaw Company.

[111] Katherine Miller. 2007. Communication Theories: Perspectives, Processes, and Contexts (second editions). Peking University Press.

[112] Killebrew, K. C. 2005. Managing Media Convergence: Pathways to Journalistic Cooperation, Blackwell Publishing.

[113] Lin Yu tang. 1935. My Country and My People, New York. Reynal & Hitchcock.

[114] Littlechild, Stephen C. 1979. Elements of telecommunications economics, New York: Peregrinus on behalf of the Institution of Electrical Engineers.

[115] McGahan, A. M. 2004. How Industries Evolve: Principles for Achieving and Sustaining Superior Performance, Boston, MA: Harvard University Press.

[116] Michael Rappa. 2004. The Utility Business Model and the Future of Computing Services, IBM Systems Journal, March 01.

[117] Pool, I. S. 1983. Technologies of Freedom. Cambridge, Mass. : The Belknap Press of Harvard University Press.

[118] P. J. Tichenor, G. A. Donohue and C. N Olien. 1970. Mass media flow and differential growth in knowledge, Public opinion Quarterly, Vol. 34 No 2.

[119] Rogers, E. M. 1995. Diffusion of Innovations, New York: The Free Press.

［120］ Russell Thomas. 2001. Business Value Analysis: Coping with Unruly Uncertainty, trategy & Leadership, 29 (2).

［121］ Samuelson, P. A. 1954. The Pure Theory of Public Expenditure, Review of Economics and Statistics, vol. 36.

［122］ Sohn, A. B. , Wicks, J. L. , Lacy, S. and Sylvie, G. 1999. Media Management – A Casebook Approach 2nd Ed, New Jersey: Lawrence Erlbaum Associates exporting, N. Y. : Peter Lang Publishing, Inc.

［123］ Stephen Quinn. 2005. Convergent Journalism: The Essentials of Multimedia Reporting, N. Y. : Peter Lang Publishing, Inc.

［124］ Vaile, Roland S. 1927. Economics of advertising, New York: Ronald Press Company.

［125］ Will, M. 2000. Why Communications Management? The International Journal on Media Management, Vol. 2, No. 1.